LA

LANGUE PRIMITIVE

basée sur

L'IDÉOGRAPHIE LUNAIRE

Principe des Idiomes Anciens et Modernes

CONTENANT UN VOCABULAIRE RÉDIGÉ EN CARACTÈRES FRANÇAIS

le tout suivi de Notes diverses contenant les objections de plusieurs Linguistes éminents

PAR

A. DE VERTUS

Vice-Président de la Société Historique & Archéologique de Château-Thierry

〜〜〜〜〜〜〜〜〜

Cet Ouvrage, qui ramène toutes les Langues à une orthographe primitive et unique
montre comment le langage si simple à sa base, s'est ramifié d'une manière colossale par la suite des siècles

———

Le premier tirage, sur papier vélin, destiné à Leurs Excellences MM. les Ministres de l'Instruction publique
de France & de l'Etranger, n'a pas été mis dans le commerce.

〜〜〜〜〜〜〜〜〜

PARIS

Librairie MAISON-NEUVE, Quai Voltaire 15

CHATEAU-THIERRY

RENAUD, Editeur Directeur de « l'Echo de l'Aisne »
et chez tous les Libraires

———

MDCCCLXVIII

LA
LANGUE PRIMITIVE

basée sur

L'IDÉOGRAPHIE LUNAIRE

Principe des Idiomes Anciens et Modernes

CONTENANT UN VOCABULAIRE RÉDIGÉ EN CARACTÈRES FRANÇAIS

le tout suivi de Notes diverses contenant les objections de plusieurs Linguistes éminents

PAR

A. DE VERTUS

Vice-Président de la Société Historique & Archéologique de Château-Thierry

~~~~~~~~~~~~

Cet Ouvrage, qui ramène toutes les Langues à une orthographe primitive et unique

montre comment le langage si simple à sa base, s'est ramifié d'une manière colossale par la suite des siècles.

SECOND TIRAGE

Le premier tirage, sur papier vélin, destiné à Leurs Excellences MM. les Ministres de l'Instruction publique

de France & de l'Étranger, n'a pas été mis dans le commerce.

~~~~~~~~~~~~

PARIS

Librairie MAISON-NEUVE, Quai Voltaire 15

CHATEAU-THIERRY

RENAUD, Éditeur Directeur de « l'Echo de l'Aisne »

et chez tous les Libraires

MDCCCLXVIII

Pour paraître successivement

LE MONDE AVANT L'HISTOIRE

Mœurs, Coutumes & Religion

D'APRÈS LES PREMIERS HIEROGLYPHES LUNAIRES

indéchiffrés jusqu'à nos jours

OUVRAGES DE CLASSE

LES RACINES GRECQUES APPRISES EN QUATRE JOURS

avec un Examen des Origines de cette Langue

ORIGINES IGNORÉES PAR SES ÉCRIVAINS

Les Racines Hébraïques en quatre jours

avec des données inconnues jusqu'ici sur cette langue si facile

et hérissée gratuitement de difficultés par les prétendues règles de la Massore

Avis au Lecteur

Les écrivains, en général, pour donner plus de valeur à leurs œuvres, les étaient de citations extraites d'auteurs qu'ils trouvent toujours très respectables.

Nous avons pensé que si notre découverte était réelle, elle devrait bientôt être assez visible pour tout le monde, et qu'elle n'avait besoin d'aucune autorité pour appui.

Que si, au contraire, elle n'était qu'une illusion plus ou moins ingénieuse, toutes les autorités, anciennes ou modernes, n'en feraient pas une vérité palpable.

C'est pourquoi, loin de chercher dans les auteurs tous les passages qui justifieraient notre découverte, nous avons donné, dans quelques Notes, les objections les plus contraires à cette découverte, objections tirées de linguistes éminents ou d'hommes compétents dans la matière.

La critique judicieuse n'aura donc que peu de recherches à faire ; nous lui offrons, dans ce choix d'objections, les meilleurs moyens possibles pour relever nos erreurs.

DROITS RÉSERVÉS

Toutes les obligations imposées aux auteurs par nos lois et les traités internationaux, ayant été remplies,

Je poursuivrai toute contrefaçon ou traduction de *La Langue Primitive basée sur l'idéographie lunaire*.

Cette découverte n'appartient qu'à moi seul. La science n'a jamais vu, pas même soupçonné, que nos langues et notre écriture reposaient sur des conventions humaines ayant pour base *la lune, sa marche, ses phases, ses couleurs, son attraction, ses influences.*

Ce fait inouï pouvant n'être pas accueilli immédiatement, et même repoussé comme toute vérité qui choque les idées reçues ;

Je veux au moins assurer à mes enfants le bénéfice d'une découverte qui sera appréciée tôt ou tard à sa valeur.

C'est pourquoi, je le répète, je poursuivrai celui qui, sous prétexte de perfectionnement, s'emparerait de mes principes dans un langage détourné, comme par exemple en substituant le mot *courbe* à *croissant, cercle* à *pleine lune, point* au *premier jour de la lune ;* cette manière de s'exprimer servirait à expliquer une foule de mots, moins pourtant *l'oscillation, la couleur* et *le mouvement* qui sont des états particuliers de la lune.

Les principes que je donne au public pourraient être exposés d'une manière plus pratique ; je me réserve expressément le droit de le faire.

Chaque exemplaire portera ma signature autographe.

A. DE VERTUS.

Brécy, par Coincy, département de l'Aisne (France).

INITIATION A LA LANGUE PRIMITIVE

Le Créateur a déposé dans l'homme une faculté qui ne se retrouve dans aucun être animé.

C'est de pouvoir coordonner de nombreuses pensées et les manifester à ses semblables par plusieurs moyens.

La pensée s'exerce d'abord sans geste et *sans parole* (1) sur les diverses impressions que nous transmettent les sens.

Mais, pour manifester la pensée extérieurement, le geste devient nécessaire.

Le geste indicateur a été le premier langage de l'homme. Il n'est pas un moyen de convention.

La parole, au contraire, n'est la représentation du geste que par convention. Elle l'est du son par imitation, faculté qui appartient à divers animaux, et qu'il ne faut pas confondre avec le langage ; c'est-à-dire l'art d'exprimer, par des sons combinés, des idées plus ou moins développées.

Le perroquet a l'organe vocal suffisamment disposé pour discourir, le singe a des membres assez souples pour exprimer des pensées par gestes, et cependant ils n'ont jamais communiqué entre eux. Ce qui constitue la différence de l'homme et de l'animal leur manque, c'est l'étincelle divine (2).

C'est par l'exercice de cette révélation intérieure que l'homme pensa et exprima ses pensées par des gestes qu'il traduisit en sons conventionnels.

Ces premiers sons conventionnels constituent le langage des premiers hommes. Nous expliquerons ailleurs la valeur de l'onomatopée.

---

(1) « Penser et parler sont une même chose, car sans parole on ne peut penser. » KLAPROTH.

« L'homme pense sa parole avant de parler sa pensée. » ' Cette espèce d'antithèse que l'on appelle : *le célèbre axiôme de M. de Bonald*, se réduit à sa valeur en substituant les mots *machine — dessin —* au mot *parole*.

Le mécanicien pense sa *machine* avant de *machiner* sa pensée.

L'artiste pense son *dessin* avant de *dessiner* sa pensée.

Si les éléments composant la *machine* ou le *dessin* ne sont que des formes sans nom, la pensée de l'artiste et du mécanicien se sera exercée sans formuler des paroles. La parole n'est donc pas indispensable à la pensée.

(2) « Les races blanches elles-mêmes, les races jaunes se lient par des degrés « insensibles aux races noires les plus brutes, et celles-ci, à leur tour, forment le chaînon « qui rattache l'homme *au singe* et à la *série animale*. — (Al. MAURY, page 148, tome II *Encyclopédie moderne*).

La connaissance des premiers signes, leur traduction en sons est la clef d'hiéroglyphes qui ne contiennent pas seulement, comme ceux des Pharaons, l'expression de la vanité de quelques particuliers, mais bien l'histoire véritable ou plutôt la photographie des premières idées que le genre humain formula.

Le langage primitif n'a jamais été détruit; il a été, sans doute, assez confondu pour que, jusqu'ici, les savants fussent impuissants à en reconnaître les éléments.

Voici aujourd'hui ces éléments retrouvés; et, certes, plus de hasard que de science aura contribué à cette découverte. Mais avant d'entrer dans des développements à ce sujet, exposons quelques détails sur la manière d'être des hommes primitifs :

La première famille, créatrice du langage, vivait dans un état de civilisation (1). Cette civilisation consistait à n'agir que par des règles observées en commun; à faire, pour ainsi dire, de toutes les actions de la vie un culte continuel. Les jeûnes et les repas, les chants tristes et les chants joyeux, les réunions le soir sur le point le plus élevé des lieux habités, et surtout aux quatre phases principales de chaque lune, voilà le culte que révèle l'analyse des mots primitifs.

Le culte a formé la moitié des expressions du langage. Ne pas étudier le culte primitif et les superstitions qui en sont découlées, ses préjugés, ce serait se mettre dans l'impossibilité d'expliquer la plupart des expressions morales qui nous ont été transmises d'âge en âge.

La première famille croyait à un Créateur invisible, sans nom propre; quand elle voulait le nommer, elle ne pouvait le faire que par comparaison. C'était *le bras, la main, le doigt suprêmes*.

Plusieurs mots ne peuvent être compris que par la connaissance préalable des principes; cependant nous allons faire un résumé rapide de l'analyse de quelques expressions primitives; ce résumé sera une initiation aux faits singuliers exprimés par certains mots dont nous connaissons la valeur courante, et dont nous ne soupçonnons guère le sens étymologique.

Pour l'homme, déposé par le Créateur dans la vaste solitude de l'univers, tout était sans nom, et lui-même n'en avait pas qui le distingua de sa compagne (2). Un simple signe féminin, ajouté plus tard au nom de l'homme, constitua le nom de la femme : **mâle, fe-mâle; man, wo-man; vir, vir-go, vir-gini,** en grec, **gunè** *ame, ome, f'ame.*

(1) Mais l'homme a-t-il toujours été ce qu'il est aujourd'hui? Non, sans doute, il a commencé par l'état sauvage. (A. MAURY, Cosmogonie, *Encyclopédie du XIXe siècle*).

(2) « Il les créa mâle et femelle et les nomma Adam » (Genèse.)

En considérant les végétaux qui couvraient la terre, les astres qui brillaient au ciel, la pensée de l'homme s'exerçait non pas sur leurs noms, puisqu'ils n'en avaient pas, mais sur leurs formes.

L'homme pensait sans parole.

La lune et ses phases diverses et géométriques, ses apparitions et réapparitions à intervalles rapprochés et réguliers, attirèrent surtout le regard de l'homme. Il remarqua qu'il n'est pas d'objet dans la nature dont la forme ne se rapproche plus ou moins d'une forme lunaire. Puis, sentant en lui-même **(gunè)** quelle influence étrange ce corps lumineux et ses retours périodiques avaient sur son espèce, sur certains animaux et sur certains éléments, il prit pour type et objet de comparaison cet astre qu'il pouvait contempler sans en être ébloui.

L'homme pouvait bien, par imitation du son, représenter les êtres qui ont un son, une voix quelconque ; mais il fut obligé d'indiquer les autres par des signes qu'il traduisit en sons conventionnels.

Le nombre de sons simples que l'homme peut articuler sans effort est extrêmement limité. C'est pourquoi, au lieu d'appliquer ces sons comme noms aux divers objets particuliers qui se présentaient à ses regards, il les appliqua aux formes générales qui sont aussi fort restreintes.

Ces formes générales combinées constituent toutes les formes particulières possibles.

Les noms généraux combinés servirent à former tous les noms particuliers.

Il ne peut y avoir de langage monosyllabique, car il serait limité à quelques sons (1).

Notre arithmétique est mono-chiffre jusqu'à neuf, ses combinaisons de chiffres sont immenses.

Les premières idées, les premières formes, les premiers sons, les premières couleurs, sont en très petit nombre ; ce sont leurs combinaisons qui sont infinies.

C'est ainsi que l'homme procéda dans la formation de son langage ; il exprima avec les sons simples les formes primitives, les actes, les états de ces formes, et le langage physique fut constitué. Ensuite il spiritualisa, par une opération toute particulière de son intelligence, les expressions physiques, et il eut ainsi les expressions morales.

La lune, à son premier jour, fut pour l'homme le signe du nombre *un*,

---

(1) La question du monosyllabisme est une question oiseuse. Toutes les langues sont monosyllabiques — dans leurs éléments ; — mais c'est la combinaison de ces éléments qui constitue le langage. Que ces éléments soient écrits d'une manière séparée ou réunie, c'est toujours la même chose.

du *premier*, du *principe*, de ce qui commence, etc., puis, comme forme, le croissant fut le type de tout objet *recourbé, pointu.*

L'homme donna à toutes les parties de son corps, selon qu'elles sont *courbes* ou *rondes*, *aiguës* ou *obtuses, filiformes,* les mêmes noms qu'aux formes lunaires correspondantes. Ces mêmes noms furent appliqués par lui à tous les êtres de la création, selon leurs formes.

Tous les animaux à cornes reçurent un nom de lune en croissant, **arl.**

Les oiseaux, les poissons, reçurent des noms de lune, selon leurs formes.

Les serpents reçurent le nom de la lune à son premier jour, les plus minces celui de la lune à son dernier jour, **serepe,** la lune en faucille, serpe.

Certains animaux reçurent des noms de lune à cause de leurs formes, et aussi à cause de leurs habitudes nocturnes et de leurs facultés réelles ou préjugées, de voir mieux ou aussi bien la nuit que le jour.

Ce sont les chats, les chiens, les hiboux, les loups, etc., etc.

Aussi, quand les hommes représentèrent les diverses phases de la lune par des figures humaines, chaque figure fut accompagnée soit d'un croissant, soit d'une demi-lune, soit d'une pleine lune, ou d'un animal lunaire. De là, le hibou de Minerve, le chien de Diane, les chats de l'Égypte, et autres animaux bien ou mal faisants, devenus symboles, puis dieux pour le peuple ignorant.

L'homme, placé au sommet d'une montagne, vit que l'horizon qui l'entourait était rond ; il appela le contenu **sol,** cercle, **pago,** c'est-à-dire du nom qu'il avait donné à la pleine lune, puis au soleil, **olos, solos.**

Tous les végétaux reçurent des noms communs d'après la forme de leurs graines, de leurs feuilles surtout, et d'après la disposition de leurs branches **sélénitum, iara, lierre, hiere.**

Les métaux, les pierres, les cailloux, reçurent des noms lunaires, selon leur plus ou moins de ressemblance de forme ou de couleur : **sélénite, arguros,** gypse, etc.

Tous les objets fabriqués de la main des hommes reçurent un nom de lune. La liste des instruments coupants ou pointus ne contient, dans toutes les langues, que le nom des formes diverses des croissants de la lune et de la demi-lune : *serpe, sabre, sape.*

Les barques ne sont que des croissants renversés dont **Isis,** la lune, fut le premier modèle. Une barque, aux bouts recourbés, c'est la lune, **Isis,** ou **Io bicornis.** Si on représente le croissant par le règne animal, **Isis** est une vache **bicornis.**

Les vêtements de l'homme, depuis le ruban jusqu'au manteau, les coiffures diverses ne furent que des formes de lune : **dia-déma** demi-lune, croissant, demi-cercle, *mètre, bande,* **venus bendis** ou **cyne-tura,** *ceinture,* **eri-cyne.**

Les tatouages de nos premiers pères européens n'étaient que des signes lunaires, gravés sur la peau ; c'étaient des croissants, des crosses et des croix.

Tous les joyaux, les bracelets, les pendants d'oreilles, étaient non des parures, mais des objets du culte.

Toutes les monnaies ne furent que des lunes métalliques **(moon).**

La numération fut basée sur la lune, les chiffres furent comme les lettres des formes lunaires.

Tous les objets ayant une forme lunaire pouvaient servir de lettres, de signes pour écrire, c'est-à-dire manifester sa pensée sans la parole, ou conjointement avec la parole.

De là le livre de la nature, dont se servaient les Druides.

De là les hiérogliphes égyptiens, véritables **rebus.**

Les formes lunaires géométriques et linéaires, c'est-à-dire notre écriture est la plus vieille du monde (1).

Voici les formes lunaires qui servirent le plus pour écrire :

Les formes lunaires tracées à la main, des instruments de formes lunaires.

Les branches, les fleurs et les feuilles (langage druidique).

Les cailloux et des os à forme lunaire.

Les animaux cornus de diverses formes, les oiseaux à bec en croissant, etc.

Les graines diverses.

Les **therapim** des frères d'Abraham, les **runes** des peuples du Nord, les **sagitti** des Européens latins, n'étaient que des signes lunaires tracés sur le bois ou sur *l'airain*, et servant à consulter la divinité, c'est-à-dire l'attribut de Dieu qui annonce d'avance. *Divin* n'est autre chose que *Devin*.

C'est par une imitation des signes lunaires que les **nœuds** des Chinois, *les dentelles* et *guipures* des Européens, les **guipu** des Américains étaient des moyens mnémoniques comme les *sepheres* et les chapelets des Orientaux, les *betildes* des peuples du Nord.

Ce n'est que par un vague souvenir des mêmes procédés que l'on a vu, il y a peu de temps, des sauvages écrire le *Notre Père* avec de petits cailloux attachés ensemble et en retenir, par ce moyen, les paroles d'une manière fort régulière. Les Samoyèdes écrivent avec de petites branches d'arbre.

Notre langage des fleurs n'est qu'une tradition des études druidiques et de leur manière de tout expliquer dans le livre de la nature, où chaque plante avait un sens (*gui*, la nouvelle lune qui guérit tout).

Toutes ces sciences humaines reposaient sur des *conventions*.

Pour la première famille, la lune n'était pas Dieu, mais *l'ange (angle)* de Dieu, son doigt indicateur.

---

(1) Les Arabes, dont l'écriture dérive des phases lunaires, ne lui ont pas laissé la forme géométrique. Le sanscrit est la plus inutilement compliquée de toutes les écritures ; l'équerre qui enserre chaque signe empêche de le distinguer ; on croirait des cristallisations de bismuth.

La nourriture de chaque jour était offerte à Dieu sous la forme qu'avait la lune ce jour-là. Des graines brisées entre deux corps durs avec du miel et du lait, étaient cuites entre deux galets chauffés sous la cendre. *Bête et vieux comme les pains lunaires* (**bek selenos**), dit le grec. Les noms des pâtisseries, restés dans toutes les langues, sont des expressions lunaires ; notre mot flan, en grec **plata, platana,** signifie pleine lune (corps rond).

Le soleil n'entrait pour rien dans la division du temps. Cependant on ne comptait pas par nuits, comme le disent tous les historiens, mais par *lunes,* ce qui n'est pas tout à fait la même chose (1), quand on ne sait pas que lune, nuit, jour, sont le même mot.

La lune c'est le temps, ses quatre principales formes sont les quatre *semaines* (2), sa révolution mensuelle un *mois* ; puis c'est l'année **iara,** la lune des Hébreux. C'est notre vieux mot **jor, ior,** c'est l'année anglaise **yar,** allemande **iahr** (3) ; c'est un siècle, terme qui ne signifie rien autre chose que cycle, c'est-à-dire une période circulaire. Comme **séraklè** en grec, Hercules avec esprit rude, c'est l'année, cercle de douze lunes.

Le premier jour du mois commençait au moment où la lune devient visible. C'était le premier jour de fête *néomenie,* attendu dans le jeûne, le silence et l'abstinence.

L'apparition de la lune était le signal du déjeuner, c'est-à-dire du festin et de l'hymne au Créateur.

C'était aussi l'heure du mariage, **nu-puta,** la nouvelle lune, ou **neo-mènè, umènè,** *l'hymen;* **néomenia** est un pléonasme grec, **mene, umené** ont le même sens.

La seconde fête était le septième jour, c'est-à-dire la fête de la *de-mi, me-di, se-mi, me-si,* lune. Ce n'est plus **nu-puta** mais **su-puta;** de là **septeuo,** en grec, *rendre le culte à Dieu* ; de là le nombre *sept* et le mot *supputer,* lorsque l'on comptait par sept, comme le **pimpazo** grec, quand on comptait par cinq.

Plus tard les Grecs, qui altérèrent si singulièrement le culte primitif, ne célébraient plus les *septeries* que tous les neuf ans.

La plus grande fête était *la Fête à minuit;* c'est à cette heure que la pleine lune du quatorzième jour passe au méridien. C'est de sa plénitude que la lune a reçu le nom **sole,** c'est-à-dire complète, toute entière, en grec **olos,**

(1) CÉSAR, livre VII, paragraphe ·

(2) Semaine et septmaine, car on voit que plusieurs peuples ne comptaient le temps qu'à la *septième* lune du mois. εϐδομος μην pour επτομος μην, veut dire septembre, c'est-à-dire une **septemaine,** le septième mois.

(3) En allemand, **ieher,** de tout temps. Notre mot *hier,* c'est la lune passée.

solos; de là **solè mènè,** *solennel,* c'est-à-dire la lune ronde, d'où le nom du *Soleil,* qui ne signifie pas autre chose que *lune entière* (**soguire,** Auvergne).

Le vingt et unième jour de la lune commençait la semaine triste, le symbole de tout ce qui faiblit et finit.

Ici, nous devons indiquer un de ces faits dont on doute encore alors que l'on a sous les yeux les démonstrations les plus régulières.

Il s'agit des quatre grandes fêtes de l'année, les quatre *solstices,* **sollicita maria.** La pleine lune, nommée par les premiers hommes **ossilla** (σσια) ou **sole eva,** ou par les plus vieux mots hébreux, *la Sauteuse;* par les plus vieux mots grecs, *la Boiteuse.* La lune, aux deux équinoxes et aux deux solstices, soulevait la terre et les mers. Les hommes passaient ces quatre nuits dans un jeûne auquel succédaient les plus grands festins de l'année (médianoche). Tous les mots indiquent que ces fêtes étaient une commémoration du déluge (1). Une foule de mots révèlent que les hommes, créateurs de ces mots, connaissaient les *librations* et les *oscillations* de la lune.

Nous ne pouvons que l'indiquer ici.

Notre petit ouvrage, « LE MONDE AVANT L'HISTOIRE », qui paraîtra prochainement, contient non des suppositions, mais des analyses de mots qui démontrent, sans effort de raisonnement, cette découverte vraiment digne d'être sérieusement étudiée.

Les *quatre saisons,* dans le sens que nous entendons ce mot, n'ont jamais existé. Ces définitions, à peu près applicables sur quelques points du globe, cessent de l'être sur sa plus grande surface.

L'habitant du pôle, enveloppé de six mois de nuit, ne se doute guère des quatre saisons.

Brûlé ou mouillé sous la ligne équatoriale, l'habitant du centre de l'Afrique ne s'en doute pas davantage (2).

Pourquoi célèbrent-ils presque tous les *quatre temps ?* (quelquefois trois temps); c'est que les quatre grands soulèvements de la *terre* et des *mers,* aux quatre pleines lunes de mars, juin, septembre et décembre, sont un fait universel (3) que la science astronomique connaît, que le monde primitif

---

(1) On remarquera que ces quatre **sollicitamaria** étaient chez les vieux Latins les quatre **tempestates** dont ils avaient fait quatre déesses un peu en oubli, mais fêtées encore à la campagne, sous les empereurs. Les Italiens fêtaient les douze solstices (**lunistitii**), les douze pleines lunes.

(2) C'est sous la zone torride que la lune a sa plus grande puissance pour soulever la mer.

(3) La zone torride n'éprouve que deux saisons : l'une *sèche,* l'autre *pluvieuse.* Au delà du 60e degré et jusqu'au 78e qui paraît être le terme des terrains habitables dans l'hémisphère boréal, on ne connaît, en général, que deux saisons (MALTEBRUN, p. 144 et 145).

savait et sur lequel il basait son culte de pénitence et de joie. Les mots qui expriment perte et ruine, délivrance et salvation, furent formés dans toutes les langues, du nom de la nouvelle et de la pleine lune, du Déluge *universel* (1).

Les récits des voyageurs nous montrent encore les *quatre temps* célébrés dans toutes les parties du monde avec des variantes et des altérations qui n'en laissent pas moins percer le sens originel.

Nous croyons avoir suffisamment indiqué quelles découvertes la Langue Primitive réserve à la philosophie, à l'histoire.

Nous allons maintenant étudier cette Langue sous son côté matériel, c'est-à-dire la formation des mots : science aussi nouvelle qu'elle sera pratique, clef de toutes les langues du vieux monde, et qui servira à ouvrir encore quelques portes dans les idiomes sauvages du nouveau.

(1) Le Nord a exprimé le Déluge par *pluie et marée*, et ses fêtes expiatoires par le nom de pleine lune **fasten fastnacht**, *la nuit de la face*. Le baptême, **mergo**, était ce que l'on pourrait comparer à la vaccine, *un petit mal* pour éviter le *grand mal*, un petit déluge qui doit préserver du grand. Mais que l'on retienne bien que le *sens moral* religieux d'un mot est fort élastique à l'interprétation ; aussi, faisons toutes nos réserves à ce sujet. Nous avons dû *interpréter* pour montrer les découvertes philosophiques que peut révéler notre science nouvelle, mais l'analyse d'un plus grand nombre de mots et leur concordance de sens pourra seule établir la certitude du véritable sens moral religieux *primitif universel* Ajoutons encore qu'il y a eu certainement des hérésies chez les premiers hommes et des mêmes mots interprétés différemment à des époques successives.

PRINCIPES

§ 1er

La Langue Primitive a pour principes les formes de la nature exprimées par une image lunaire ou un geste de la main (1). L'homme traduisit, *par convention*, ces *signes* en *sons*. Quant aux êtres qui produisent un son, l'homme les a quelquefois rendus par *imitation*, mais le plus souvent *par convention*.

Pour bien comprendre le rôle restreint de *l'onomatopée* dans là formation du langage, il suffit de voir que les noms des animaux ne se ressemblent pas dans les langues, tandis que ceux qui ont été vraiment faits par onomatopée ont une ressemblance suffisante : ainsi **aboua** en madécasse, est le nom du chien ; c'est une onomatopée qui correspond très exactement à notre français, *aboyer ;* mais les noms du chien, **canis** en latin, **kuõn** en grec, **kelb** en arabe, sont des noms de convention.

Le nombre des sons distincts que l'homme peut émettre est très limité. En poussant l'analyse jusqu'au bout, on ne trouve que sept sons vraiment distincts et leurs modifications en faible et forte, ce qui donne environ vingt-cinq sons naturels, base du langage humain.

Toutes les nations n'ont pas même ces vingt-cinq sons ; les Mexicains n'en ont que dix (2) ; les Hurons manquent des cinq labiales.

| 1 | Son de la bouche ouverte | E | A | O |
| 2 | Son de la bouche qui se ferme | I | U | OU |

Ces trois voyelles sont demi-consonnes, U et OU sont de la nature du V.

3	Son des lèvres	_P-B	F-V	M
4	Son des dents	T-D	S-Z	K-C
5	Son de la langue	—R-L		
6	Son du gosier	K-G	H-Y	
7	Son intérieur mixte	N		

Ce son est très près de R et L.

(1) A propos des procédés de formation des langues, M. Renan dit : « Je dis des « procédés primitifs, car pour la langue elle-même, n'espérons jamais y atteindre. » (*Origine du Langage*, page 110.)

(2) Ces dix lettres consonnes représentent les mêmes organes que nous, mais les nuances B, D, F, G, R, S, J, dont les Mexicains manquent, rendent leur langue méconnaissable, si l'on n'a pas fait une étude préalable des substitutions de consonnes.

Il n'est aucun de ces sons qui ne participe plus ou moins de son voisin ; mais on doit nommer chaque son du nom de l'organe *indispensable* à le former, c'est pourquoi, contrairement aux linguistes, nous n'énonçons pas comme *nasale* « Ne » que l'on prononce très bien en se bouchant le nez complétement.

La parfaite connaissance du tableau qui précède est indispensable.

Sans cette connaissance, il est impossible de comprendre que *colosse* et *grosso* sont exactement le même mot.

Certains Grecs et les Chinois changent souvent K en sa douce G ; les Mexicains, comme les Chinois, n'ont pas R, mais emploient la douce L. C'est une faiblesse d'organe que nous retrouvons chez nos enfants qui disent *glosse* pour *grosse*, et quelquefois pour *croce*.

Il faut donc bien comprendre les nuances de sons d'un même organe qui, à chaque instant, se prenaient l'une pour l'autre sans altérer le sens : *sapere*, *sabere*, *saver*, *savoir*, *saouer*, vieux français.

§ 2.

La permutation n'existe pas entre les lettres d'un organe différent.

Cette assertion, si contraire à l'enseignement des étymologistes jusqu'à ce jour, est la base sur laquelle repose toute la certitude de la science nouvelle que nous présentons, non pas aux savants seulement, mais au simple bon sens de tout homme qui sait réfléchir.

S'il y avait permutation entre toutes les lettres, on ne pourrait plus retrouver le sens des mots ; chacun leur ferait dire tout ce qu'il lui plairait.

Mais ce sont des faits, diront ceux qui ont observé ces permutations.

Ce sont des faits mal compris.

Il y a plusieurs racines entièrement différentes *de forme* et ayant le même *sens*, selon que l'on a pris, pour composer un mot, l'une ou l'autre de ces racines, les mots ne se ressemblent plus. Ainsi, le mot grec **dikella** est égal à **bidens**, tous deux signifient un *hoyau à deux dents*. Dira-t-on que **b** se change en **d** ? Non, mais **bi** et **di** signifient *deux* dans presque toutes les langues.

Cependant, il se peut que *sans principe* (car toutes les langues reposent plus sur le caprice que sur des règles), il se peut que l'on trouve quelques substitutions de lettres d'organe différent ; mais ce sont là des faits accidentels. Les admettre comme loi, c'est ôter toute certitude à la science étymologique.

§ 3.

Toute voyelle *isolée* est une *racine* ayant plusieurs sens, elles expriment toutes deux sens opposés. Ainsi, dans E, mettre E *barber*, E est augmentatif dans le premier mot, négatif dans le second. Il en est de même des autres voyelles. La voyelle isolée est celle qui est seule, ou *initiale*, ou *caractéristique* dans un verbe.

§ 4.

Toute consonne a un sens propre ; toute consonne est nécessairement accompagnée d'une voyelle. Cette voyelle vient après la consonne. Ce n'est que par un *tic* de prononciation assez naturel, du reste, que l'on trouve dans les langues **er** pour **re, et** pour **te, ej** pour **je, el** pour **le, em** pour **me,** etc.

Aucun mot, aucune racine ne se termine par une consonne. Dire que **fil** est la racine de **fléo,** c'est ne pas connaître les racines des langues.

Les mots allemands **arm, band, hand** ; les sanscrits : **band, scand, dric, vand ;** les grecs **flog, klap, trag,** donnés, par les linguistes, comme *monosyllabiques,* sont bien *trisyllabiques,* et chacune de leurs trois syllabes a un sens propre, égal souvent aux trois syllabes réunies.

Nous avons dit que la voyelle isolée a un sens ; mais les voyelles qui suivent les consonnes, et servent seulement à la prononciation, n'en ont plus depuis longtemps ; de sorte que, pour étudier un mot, on peut supprimer les voyelles qui le composent, c'est-à-dire la *couleur,* et n'examiner que le *dessin,* c'est-à-dire les consonnes, ou bien placer, pour plus de commodité, un **E** après chaque consonne.

§ 5.

Le doublement des consonnes n'est qu'une habitude relativement moderne. La Langue Primitive ne doublait aucune consonne. Varon dit que le vieux latin ne les doublait pas. On ne devrait les doubler en aucune langue. Le grec moderne les double, mais ne les prononce pas.

§ 6.

Il faut, en étudiant un mot de nos langues littéraires, prendre garde aux consonnes introduites par *euphonie* ; elles n'ajoutent aucun sens au mot ; ainsi dans a**v**oir, **v** est euphonique.

Voici quelques exemples d'analyse de mots :

Pferd, cheval porteur en allemand ; si l'on ôte la seule voyelle de ce mot, l'on a **p-f-r-d,** qui est la manière d'écrire des Orientaux ; **f-r-d,** *mulet porteur* en hébreu. Maintenant, ôtez les voyelles du mot français *fardeau,* vous avez **f-r-d.** Ne croyez pas que ce soit une rencontre fortuite, car de *bardeau* (le mulet porteur) on a **b-r-d : b** égale **v** et **f,** puisque ce sont des lettres identiques dans toutes les langues ; ainsi, **veredus** en latin cheval de selle, **v r d, us** n'est qu'une terminaison. En arabe, **rfed** celui qui porte ; c'est bien le **f-r-d** transposé. En français, on disait jadis *parefroid,* du latin **parefredum,** coursier ; nous disons maintenant *palefroi.* Otons les voyelles, et nous aurons **p-r-f-r-d** et **p-l-f-r.** Comparons le latin et le grec **fero** porter, avec notre mot français *trans-ferer, trans-porter,* et nous reconnaîtrons qu'arabe, hébreu, allemand, français, grec, latin, ne se sont pas emprunté cette expression, mais l'ont tous formée avec les éléments primitifs.

Remarquons que le P, qui se trouve dans le français, l'allemand **p f r d** n'est ni dans l'arabe, ni dans l'hébreu.

En voici une raison : la lettre P n'existe pas dans ces deux langues.

En voici une seconde, c'est la plus sérieuse : les langues qui ont des mots semblables ne se les ont pas toujours empruntés ; ces mots se ressemblent donc parce qu'ils sont formés avec les mêmes éléments, mais avec plus ou moins d'éléments.

C'est ainsi que dans notre langue *lever* en l'air ou *É-lever* en l'air ont bien le même sens, les mots *montrer* et *dé-montrer* une science, se ressemblent beaucoup.

Voici la preuve que les voyelles, en composition de mot, n'ont plus de sens bien fixe : *ferme* fait *infIrme* (1), *facile*, *diffIcile*, un A change en I, le grec **trofeo, trefo, trofeuo,** c'est E ou O. Dans je *veux*, nous *vou-lons*, et **vo-**lonté, **eu,ou,o** sont pris l'un pour l'autre.

Ce fait est tellement visible dans toutes les langues qu'il est presque inutile de le démontrer plus longuement.

Notre A se rend en anglais par **a, au, aw, o, oa, i.**

§ 7.

Cependant, il ne faut pas oublier que dans la Langue Primitive, E exprimait ce qui est *petit* et *commence* A, le *milieu*, et O, ce qui est *plein complet*.

§ 8.

Nous verrons aussi à l'article du verbe que tous les peuples se sont servis, pour former *les temps*, de voyelles caractéristiques ; c'est ce que nous nommons *voyelles isolées*, c'est-à-dire qui n'entrent pas dans le mot pour faire sonner une consonne, mais pour en modifier le sens. Exemple : *il aime, il aimA, vous aimez, vous aimAtes. A* caractérise ici le *passé*.

La langue primitive n'avait que des sons simples et purs, par conséquent, point de diphtonges ni de voyelles nasalisées, comme **an, on, in,** français, **â, õ,** portugais, **ein** allemand, etc.

§ 9.

Un grand nombre de mots, entièrement *semblables* par la *forme* et par *le sens*, ne diffèrent que par *le son*. Exemple : **ciudad** en espagnol, **ciotat** en patois du Midi, **citadin** en français, et **stadt** en allemand ; prononcez **chtètte.** Le français altère ce mot par la diphtongue **oy,** cito**y**en, puis il le ramène au primitif dans *cité, citadelle*.

---

(1) Par un bizarre contraste, les Espagnols disent : Firmo-et-enfermo; *a*-mi, *ai*-mer, en-*emi*, montrent toute la bizarrerie de ce que nous appelons orthographe.

Ainsi, les sons **iu, io, oy,** doivent être changés ou plutôt réduits aux primitifs simples **i, e.** Il en est de même de **oi,** français, qui n'est qu'un *E* : roi, **ré**; loi, **lé**; foi, **fé**.

Voici à peu près comment les diphthongues des diverses langues doivent être ramenées aux simples voyelles; nous disons à peu près, parce que les voyelles ont des nuances de prononciation presque insaisissables qui ne changent rien au sens.

E $\rbrace$ $\lbrace$ **ae, ai, ei, eu, oi,**

A $\rbrace$ Voyelles pures $\lbrace$ **ae,**

O $\rbrace$ $\lbrace$ **au, ou,**

I $\rbrace$

U $\rbrace$ Semi-voyelles, demi-consonnes de la nature du V. C'est ainsi que P peut naturellement être

OU $\rbrace$ rendu par OU; sapere, saouer en patois, saooir; c'est le W anglais un peu modifié.

ALTÉRATIONS DIVERSES

§ 10.

La langue anglaise est celle de l'Europe qui est restée, pour la grammaire, le plus près de la Langue primitive; c'est peut-être celle qui s'en est le plus éloignée pour la prononciation.

La Langue italienne, tout en ayant subi les influences des langues grecque et latine, a conservé la prononciation la plus naturelle, et la plus primitive parmi les nations sauvages, c'est la langue des Cafres.

Quand on a élagué les *chuintements*, les *sifflements*, les *nasalités*, les *aspirations* des autres langues et qu'on a replacé des voyelles après chaque consonne, on est tout étonné de voir que tel ou tel mot hérissé de lettres, signes de sons exagérés, n'est plus qu'un véritable mot italien, aussi doux à entendre qu'un vocable de la Toscane dans une bouche romaine.

Voici le tableau des principaux *tics* de prononciation, *tics* convertis en lois du langage par l'habitude et par les écrivains et grammairiens de chaque nation :

ANGLAIS,   **th**, qui n'est que *ce*, **ecce**, ve-ci *voi-ci* **idé** en grec, lisez *izé*.

ALLEMAND,   **sch**, chuintement pour **che** et **se**; **ch** aspiration, espèce d'**r** guttural, véritable *tic* qui ne donne pas de sens au mot.

FRANÇAIS,   *an, en, in, on, gn* mouillé, *che, cha* pour *ka*.

ARABES,   **ts, ds**. Il faut ramener à une dentale simple ces sons combinés de la dentale simple et de la sifflante; de même, le *chin* hébreu n'est qu'un **s**, c'est un siffle-ment empâté.

RUSSE,   **chtch, ch, ts.**

GRÉC, LATIN, ESPAGNOL, etc., ont des sifflantes insupportables en **asse**,
osse, ousse, isse à la fin de la moitié des mots.

COPTE, **dsch dschamoul, camelus,** *chameau.*

ITALIEN, **c** prononcé **tché,** c'est le *tic* italien; *gli, lli, i.*

INDIEN, sanscrit, **tche, dje** pour *té, sé, dé.*

Le principe étant indiqué, chacun verra facilement, dans la langue dont il s'occupera, les sons impurs.

Assurément, tous les sons sont dans la nature. Le *chuintement* est naturel, *l'aspiration* aussi; mais voici un fait que nous prions d'examiner :

Un enfant italien parle franchement et bien plus tôt qu'un enfant allemand. Pourquoi? L'enfant dit **la** avant **ra, ta** avant **cha,** qu'il prononce **sa,** et il éprouvera encore plus de difficulté à prononcer la triple chuintante, consonne russe, **chtch.**

FILIATION DES IDÉES.

§ 11.

La filiation des idées est la chose la plus importante à retenir pour pénétrer le sens intrinsèque des mots.

L'idée est l'image d'un objet sensible (en grec ἰδία, forme).

Il n'y a pas plus d'idées que de formes types, pas plus d'idées que de couleurs primitives.

Quand on affirme que les modernes ont une foule d'idées que n'avaient pas les anciens, on se trompe singulièrement. Ce sont des combinaisons d'idées premières que nous avons plus que les premiers hommes.

Les premiers hommes prirent, pour types généraux des diverses formes visibles dans la nature, les cinq phases de la lune (1).

Sens tirés de l'état, de la forme et de la couleur de la Lune.

La LUNE, avant de paraître, exprime *attente, espoir.*

Son apparition exprime la première idée, **idéa** (2), *voici,* **vide.**

A son premier moment, elle signifie *naître, être, aller, visibilité* et *mouvement;* dans cet état elle exprime aussi *petitesse, ténuité, un rien, pointu, aigu.*

(1) L'abbé Latouche dit : « Que les trois idées fondamentales : *couper, transporter, assembler,* sont représentées dans la langue hébraïque par des onomatopées qui sont les racines des autres mots de cette langue ». Cette remarque est inexacte; mais elle montre un homme qui a étudié les racines et presque entrevu la vérité.

(2) Quand le premier jour de la lune est exprimé par un autre monosyllabe, c'est absolument le même sens; ainsi *u,* la lune, *no,* nouvelle, *una, une,* d'où nos verbes *uni-fier, ré-unir,* et divers substantifs et adjectifs.

LE PREMIER JOUR de la Lune signifie *un*, **ia**, *moi*, c'est-à-dire *le centre de tout; ia* ou **mi**, car **ia** et **mia** c'est *un* et *moi;* ce mot signifie le *principe,* le *premier,* le *père,* ce qui est *en tête* et *guide, roi, prêtre,* **ra-ia, ia-ra.**

Voilà pour la forme et l'état; voici pour la couleur :

La *Lune* brille, elle est blanche : de là *pureté, beauté,* ce qui réjouit l'œil. L'argent, le marbre blanc, la neige, le gypse, l'albâtre, ont reçu leurs noms de l'astre blanc.

᠆ AU SECOND JOUR, la Lune est visiblement croissante ; elle enserre de sa *serre* lumineuse toute la partie cendrée , c'est **luno-bicornis.** Elle exprime *marche, lutte* contre la partie sombre, c'est la *crosse,* la *corne,* la *croix;* au moral, c'est la puissance, c'est l'orgueil, l'exaltation.

Comme forme, le croissant exprime ce qui est convexe ⌒ et concave ⌣; c'est notre ʌ et notre ᴠ.

Jusqu'au septième jour, le croissant exprime encore *force, marche rapide, combat, victoire.*

LE SEPTIÈME JOUR est un temps d'arrêt, ou plutôt une démarcation précise ; une ligne droite coupe la Lune en deux parties égales.

La Lune du septième jour exprime donc *milieu,* **emissu,** la *moitié, médiation* au moral et *médication, remède,* **mite,** douceur.

LA PLEINE LUNE exprime la plénitude de toute chose. Paraissant sur l'horizon aussitôt que le soleil se couche, elle traverse visiblement, majestueusement, fastueusement, l'hémisphère céleste. Voilà pourquoi elle signifie *passer, traverser,* c'est-à-dire faire comme la lune **passa,** *tout entière, face,* comme **tora, tra,** nom de la marche du passage dans beaucoup de langues.

LE DERNIER QUARTIER exprime *humidité, maladie ;* l'ombre qui l'emporte sur la lumière, le mal sur le bien.

Enfin, la Lune finissante exprime *petitesse,* qui va encore en diminuant; de là, *fin, ruine, mort;* c'est, en un mot, entièrement le contraire de la nouvelle Lune, le grec **peras,** *fin, périr.*

Il faut maintenant reprendre les phases de la Lune au point de vue du culte et des croyances vraies ou préjugées.

La Lune est l'horloge du temps ; elle n'apparaît pas chaque jour sous la même forme comme le soleil ; mais ses phases géométriques divisent sa période mensuelle en quatre parties bien distinctes de sept jours chacune.

Pour le premier homme, la vraie mesure du temps, la mesure sensible à ses regards, fut le jour, puis la révolution mensuelle de la Lune; c'est là sa première année. Plus tard, quand il découvrit la période circulaire des douze lunes, il ne lui donna pas d'autre nom : une *année* c'est un *mois,* c'est un *siècle,* un *cercle* **kuklos.** Il faut bien remarquer que l'homme n'avait nommé le *mois* que du nom de lune, **iara, ia-ma, ior,** *jour, année, éternité, à jamais;* le **jam** latin est un temps quelconque.

La Lune et sa marche fut donc le symbole de l'éternité, *un cercle qui ne finit pas*. Son retour fut le symbole du *retour à la vie*, à la lumière; aussi c'est au pied de la *croix* ou dans la *croix* (croissant) **spe, spe-lunaca, tau,** que voulaient être inhumés les premiers hommes (1).

Les premiers hommes semblent avoir reconnu partout deux principes contraires, le bien et le mal. Le symbole du bien fut le croissant lumineux, celui du mal fut le croissant ténébreux. Ce sont deux serpents à cause de leur forme, *serp*, dont l'un est *odieux*, **serpa, erpa,** le trompeur, l'autre *vénéré*, l'espoir, **elpis, erpis** (voyez la démonstration XI).

Plusieurs mots tirent leurs sens de la coutume; ainsi *jeûner, se marier, baptiser, nommer, s'assembler, délibérer, juger, prédire* (indiquer d'avance), *payer*, etc., sont exprimés par le signe du premier jour de la Lune, qui était le soir du rassemblement sur la montagne, au refuge, à l'église, au cercle d'assemblée (2).

§ 12.

Il y a une foule d'actions humaines qui ne dépendent pas de la Lune; ainsi quand je dis: *je tue*, ce n'est pas là une action dérivant de la Lune. En français nous ne comprenons pas ce verbe, nous disons qu'il vient du grec **thuein,** *immoler*, c'est possible, mais **thuein,** d'où vient-il? *Tu* est le croissant du second jour; le **coto,** *recourbé*. En sanscrit, **kout,** *je tue,* en grec **kta-o** pour **kota-o.** *Je te couteaute* en patois, *je te tue*. Couteau en chinois, **tao.**

C'est ainsi que des instruments ou des objets quelconques, de formes lunaires, mis en action, constituent des verbes dont le sens n'a plus aucun rapport avec la Lune. La Lune n'a servi que de premier type, soit de forme, soit de couleur, à l'instrument dont l'action est un verbe. C'est là le verbe actif tiré de l'instrument de l'action. Le verbe se forme aussi de l'objet qui souffre l'action sans qu'il soit question du nom de l'instrument de l'action: ainsi *é-ventrer, é-barber, é-gorger*, sont des verbes passifs; selon la langue primitive, c'est le ventre, la barbe, la gorge, qui souffrent l'action d'un instrument qui n'est même pas nommé, tandis que *fouetter* est un verbe actif puisque l'instrument, le fouet seul, est nommé dans ce mot et que l'on

(1) C'est assurément le plus curieux chapitre de notre *Monde avant l'histoire*. Abraham, les Egyptiens inhumaient dans la croix, **speos-Tau,** creusés dans le roc ou bâtis en T.

(2) Ces faits développés constituent une véritable histoire de mœurs. Nous ne pouvions l'insérer dans une grammaire. Nous avons été amené ainsi forcément à composer notre petit ouvrage: *le Monde avant l'histoire*, dans lequel les origines du langage sont prouvées dans une forme moins didactique, et plus accessible à tous les lecteurs.

peut appliquer cette action à toute espèce d'objet : *fouetter* de la crème, un cheval, etc.

Nous disons *égorger un homme*, tandis que la langue primitive dirai *égorger à un homme* ou *d'un homme*, car égorger veut dire détruire la gorge, l'ôter ; comme *ébarber*, ôter la barbe.

SIGNES PRIMITIFS DE L'ÉCRITURE LUNAIRE OU IDÉENNE

L'homme imita les bruits et les sons par la voix ; il imita les formes et le mouvement par des gestes et des signes.

Puis, par convention, il traduisit les sons en signes écrits, et les formes et les couleurs en sons. Ces deux moyens combinés formèrent le langage.

On peut donc affirmer que *l'écriture* est aussi vieille que l'usage de la voix. Cette écriture consistait en signes mnémoniques.

Les cinq formes suivantes (ιδεαι) qui sont géométriques (1) et lunaires, servirent aux hommes de signes pour leurs premières idées et exprimèrent‚ tant naturellement que par convention, les divers sens qui y sont encore attachés :

) E, *nouvelle Lune, le soir*, nombre *un, nouveau*, **prima-vera.**

Ɖ D, premier quartier, nombre *deux, moitié, juste milieu, arrêt repos, séparation.* Dans la numération par sept, il signifie sept comme septième jour de la lune.

O O, pleine Lune, nombre *trois*, ce qui est complet, ce qui est dans la plus grande étendue ; aussi il exprime toujours la multitude, la grandeur en étendue, enfin la terre ronde, **tera**, *solum.*

Ɑ d, dernier quartier, nombre *quatre, ti-mide, hu-mide, faiblissant;* c'est la semaine noire.

(S, décroissant, nombre *cinq, petitesse, pauvreté, la fin*, ce qui est *fin* et le devient jusqu'à extinction ; c'est le signe de *peu de chose, de rien.*

On voit bien que ces cinq formes sont insuffisantes pour rendre les diverses nuances de chaque organe ; cependant l'on peut croire que, primitivement, toutes les nuances d'un même organe étaient exprimées par un seul signe.

(1) Le mot primitif est métrique, *mitra*, lune, type de toute mesure.

Ce ne fut pas seulement la forme qui exprima un sens, mais la position de cette forme : ainsi tandis que ⌢ exprime *élévation*, ⌣, même signe renversé, signifie *vallée*. Ces deux signes sont l'A et le V (1).

Nos signes R, L, N, ne furent exprimés que par le même demi cercle plus ou moins incliné ;),r, (,l,),n (arabe et autres langues).

K, G, H ne furent que des croissants, soit armés d'un manche, soit posés sur un piédestal, comme le **chei** égyptien.

Le ꙮ grec n'est que la nouvelle lune, **pussi**, posée au bout d'un pieu, les cornes en l'air, *signe de vie*. Le **T, thau** égyptien, n'est que le croissant, les cornes baissées vers la terre, *signe de fin et de mort*. Aussi cette lettre était placée la dernière de l'alphabet (2).

Le Φ grec est la pleine lune brillante, **pha**.

L'M est la lune au septième jour, *même, pareille, mi-blanc, mi noir*, **mité**. La forme de l'M du moyen âge est celle qui ressemble le plus à un cercle divisé par une ligne perpendiculaire en deux parties égales (|) et pareilles ; c'est de là que vient *i-mi-ter*, **medesimo** italien ; **mimeo** latin ; l'anglais **sam**, le latin **similis** et notre mot *semblable*, car *mt* égale *se-mi*.

Pour que le mot *semblable* existe, il faut que deux objets, de forme identique, soient en présence et comparés. Le croissant et ses deux cornes égales a pu aussi représenter l'M. Une idée est souvent rendue par plusieurs moyens différents.

Le B fut le croissant, **arké**, *arc, principe*, car **bi-os**, le principe de la vie, en grec signifie aussi un arc, **bios**, que les grecs modernes prononcent **vios**. Le **B** hébreu est simple ; notre B est un arc contourné dont la corde est un peu exagérée.

Sortant des lignes géométriques et oubliant ou ne connaissant plus l'origine de l'écriture, la fantaisie de chaque peuple modifia les lettres d'une infinité de manières qu'il n'est pas de notre sujet d'examiner.

Ce qui est certain, c'est que les peuples les plus vieux que nous connaissons avaient perdu la science originelle de l'écriture et du langage quand ils rédigèrent leurs premières annales. Ils n'en parlaient pas moins la langue primitive. De même un enfant, élevé au milieu d'une bonne société, parlera purement notre langue sans savoir ni lire, ni écrire, ni la grammaire ; ce qui

(1) On pourra remarquer que, dans les langues, le même mot, qui signifie élévation, signifie aussi profondeur : **dun**, **altitudo**.

(2) L'**omega** Ω c'est-à-dire la pleine lune, exprime l'accomplissement, l'achèvement de la plénitude. Le T en exprime la fin, l'anéantissement ; ce sont deux fins, deux terminaisons différentes.

prouve qu'il y a deux choses entièrement distinctes dans l'art de parler : d'abord la science raisonnée des mots, puis leur emploi selon l'usage courant. Ce dernier est une véritable imitation qui ne diffère de celle du perroquet que par la raison, que nous possédons tous plus ou moins.

ÉLÉMENTS DES MOTS.

§ 13.

Les voyelles, servant à faire sonner les consonnes, n'ont plus un sens bien distinct. Il n'en est pas de même des voyelles isolées, c'est-à-dire formant seules une syllabe (1), ni des voyelles employées dans le nom verbifié pour exprimer le temps, l'état, la manière, etc.

Sens primitifs des voyelles.

E   exprime le *principe* qui apparaît, existe, marche. E, Lune symbole de la nature féminine et productrice. **Né-è**, nouvelle Lune, **E-vé, E-bé**, principe de la vie.

A   même signe, mais plus ample, exprimant la *croissance*, l'*augmentation* (voyez le tableau des négatifs et augmentatifs, paragraphe 20).

O   pleine Lune, rondeur, foule, ce qui est complet.

I   exprime le principe, *premier, un, je, moi;* comme E, il est le nom de la Lune qui paraît et va, de là **i** signifie *aller* dans presque toutes les langues.

U, OU, ces deux lettres sont demi-consonnes, de la nature du **V; OU** voyelle est synonyme de **O**, il exprime la plénitude; **U** est fort vague, car il a souvent à la fois le sens et le son de l'**I**, de l'**O** et du **V**.

I   demi-consonne égale à **g** et à **ll** mouillées.

IE   *je, moi, un,* la lune à son premier jour, **ie-ra**, *sacré*, **sa-ke-ra, kera-sa, cressa**, *croissant*.

IA   a le même sens, **ia**, *oui*; **ia-ra**, la Lune, en hébreu (voyez la démonstration Ire).

IO   La Lune, **Isis** *bicorne*, ou **Io**, *la vache*, symbole animal de la Lune nouvelle; **Juno, Iu-no, Io-ve, Io-va**, *Dieu*, père de toutes choses.

II   se rencontrent peu sans qu'on ait inséré une lettre euphonique entre : **i-V-i**, *j'allai*; de I *aller* (français, sanscrit, latin, etc.)

---

(1) Il est fort douteux que le mot grec **sullabè**, syllabe, veuille dire une réunion de lettres, puisque A, E, I, O, U, isolées sont des syllabes et des mots ayant un sens complet. **Sullabè** a le sens de *prendre, saisir.* On pourrait en dire autant de **griphasthaï**, *écrire*, et *griffer, gripper.* — Pour nous, *syllabe* veut dire **gluphè**, *signe gravé, lettre.*

IU   même sens que **Io, Iu-piter, Iu-no.**

IOU   même sens que les précédents. **Iu-ida,** la *Judée,* les *Juifs,* c'est-à-dire les adorateurs du premier principe, de ce qui est le premier type : **Ia,** *premier, un* ; **ida,** *forme.*

PE, BE,   FE, VE, ces quatre sons permutent à chaque instant dans les langues; ils expriment *Lune naissante, principe générateur.*

PA, BA,   FA, VA *marche, action, lumière,* — premières formes lunaires, expression du principe, le père, **pa-ter, fa-ter, va-ter,** *a-***ba** en hébreu, d'où notre mot *abbé* (*abbas*).

PO, BO,   FO, VO, c'est la Lune arrivée à sa plénitude, c'est-à-dire à la rondeur pleine (qu'il ne faut pas confondre avec la rondeur vide, le cercle). **Po-***le,* **Bo-***le,* Fol, Full (1), **Vo-***le* expriment le grand nombre, *rond,* complet.

PI, BI,   FI, VI, c'est la Lune au second jour, dont les sens principaux se trouvent dans **Pythie** et **Di-vi-nus ,** dans Phœbé, dans, **Bi-**ten, allemand prier, dans le latin **fi-***o,* je deviens et dans nos mots *voir, prévoir, savoir,* **vi-***dere.*

PU, BU,   FU, VU, ces éléments, dans toutes les langues, sont identiques à **Po** ou **Pou,** etc. Ils en ont ordinairement le sens. Quand ils correspondent à **Pi,** etc., ils signifient *principe secondaire,* la Lune au second jour, comme **Bi.** V est le croissant, l'angle sacré que forment certains oiseaux voyageurs, la réunion de deux rivières, de deux chemins, de deux vallées, etc., c'est la fourche, le **vitri** sacré, universel, **tri-vi, bout-tri, tribout.**

TE, DE,   SE, ZE,   KE, CE, toutes les dentales, en principe, avaient le même sens (voir la démonstration IVe). **Te** c'est le *doigt créateur, visible,* **SE; Te** est aussi *l'état.*

TA, DA,   SA, ZA,   KA, ÇA, c'est le père, le principe de l'action; c'est la main qui *donne,* **da;** *porte,* **ta;** *saisit,* **Sa, Za** (**Ka** et **Ça** doivent être prononcés avec sifflement).

TO, DO,   SO, ZO,   KO, ÇO, la *vérité,* ce qui *brille* dans toute sa plénitude; c'est la *pleine Lune* qui sauve: **ie-so, so-o so-ter, so-fos, so-ve-ra-no** (remède).

TI, DI,   SI, ZI,   KI, CI, voyez **TU,** etc., car c'est le même sens.

---

(1) *Folmond* en allemand (par *favu* V) — pleine lune *foll,* plein, complet, *full moon* en anglais, *pleine Lune.*

TU, DU, SU, ZU, KU, ÇU, c'est la plus universelle expression du nombre *deux*, du pronom de la seconde personne *Tu*, de la Lune au second jour, comme **Ti**, etc. **Su** c'est la *bonté*, **su**-ave, c'est le croissant bienfaisant ; **Tu** c'est aussi *tuer*, mais, comme *massacrer*, ce mot n'exprime plus l'action du croissant lunaire, mais l'action que l'on fait avec une arme *en forme de croissant*, de couteau, de cimeterre, de **makaira** en grec, *glaive* : **massa-kera,** arme primitive, dont nous avons fait *massacrer*, tuer avec la **massa-kera;** Grégoire de Tours la nomme *scramasaxe*.

RE, LE, mouvement, action et retour ; **Re** sert dans plusieurs langues à former les verbes : dans *re-former*, *re-buter*, *re* ne signifie pas *de nouveau*.

RA, LA; **Ra** exprime le croissant à son premier jour ; il en a donc tous les sens, comme *haïr, aimer, petit, élevé, bon, méchant, voir*, car la Lune est l'œil qui nous voit.

RO, LO, mouvement circulaire : *rouler, role, roue.*

RI, LI, l'eau qui coule, même sens que RU et LU.

RU, LU, lumière naissante, bien et mal : *briller, luire*, — c'est la Lune à ses diverses phases : *Lu-cyne* (**shine**, anglais, clarté), c'est la Lune naissante **runa**, c'est-à-dire une forme lunaire servant d'écriture (voyez la démonstration XVe).

KE, GE, HE, YE, c'est la Lune nouvelle à son premier jour, terrible ou bienfaisante ; c'est la terre, la matière où nous habitons, sœur de la Lune (γη, *terre,* **ke,** *matière* (copte).

KA, GA, HA, YA, même sens.

KO, GO, HO, YO, c'est la Lune génératrice, la vierge qui produit seule ; c'est la joie, **go-dere,** c'est généralement le bien, **virgo,** la bonne lune.

KI, GI, HI, YI, c'est le principe exprimé par la Lune à son premier jour.

KU, GU, HU, YU, c'est le *jour*, c'est l'apparition au premier croissant, **GU** et **KU** en Europe ; **hua** en Amérique, **gu** en Chine ; *lune,* **hu,** *père, principe.* Plusieurs éléments expriment à la fois le bien et le mal : aussi tandis que **go** et **gu** signifient *joie, douceur,* **ko** et **ku** signifient *noir, caché,* en grec **kakos,** *mauvais,* en copte **kaki,** *les ténèbres.*

ME même sens que MI.

MA la lune croissant, c'est-à-dire *main,* **mano.**

MO, *mo-le*, *rondeur pleine*, **mo-la**, un tumulus rond, **mo-ra-ï**, **moloto**, une grande quantité de choses rassemblées ; de là, *moult*.

MI, *un*, *je moi*, **mia**, une **mi**, *chéri*, *é-mi*, *a-mi*, dans un autre sens, une **mi**, une **mie**, peu de chose, rien. C'est aussi la *moitié*, *mi-nuit*, *mi-di*.

MU, de même que MI.

NE, NA, la Lune nouvelle **né-é** et ancienne **énè** grec, c'est-à-dire faible ; **ne**, petit, rien, *néant*.

NO, nouveau.

NI, *moi*, *je* (mexicain, égyptien, basque).

NU, c'est le croissant, **nu-coto**, en grec **nuktos**, la nuit.

On reste un peu étonné en présence du vague des éléments primitifs isolés. Leurs combinaisons par deux, par trois, montrent bientôt des sens plus précis pour nous, parce qu'ils ressemblent davantage à nos mots actuels, dont nous sommes habitués à comprendre le sens en bloc. Tout le monde emploie le mot *dorénavant* d'une manière fort synthétique, et pourtant l'analyse de ce mot est : *de-ore-et-en-avant* ; *à partir de cette heure et pour l'avenir* (1).

Voyez dans la démonstration Iʳᵉ combien nous avons peu de noms primitifs. Le grand nombre de mots que nous possédons aujourd'hui n'a été fait que par juxtaposition et combinaison.

PARTIES DU DISCOURS.

§ 14.

Le premier langage ne consistait qu'en syllabes juxtaposées (2) et déterminées par le geste d'un organe quelconque, et en un certain nombre d'onomatopées, cris et bruits d'une imitation facile, comme *coucou*, *craquer*, *souffler*, etc.

Certaines syllabes, d'un sens bien précis, servirent de déterminatifs aux autres ; c'est ainsi que furent créés ce que nous appelons maintenant : *articles*, *pronoms*, *conjonctions*, *prépositions*, *négations*, *affirmations*, *désinences des cas*, véritables articles accolés aux noms ; *désinences personnelles* qui ne sont autres choses que des pronoms accolés au nom pour le verbifier, puis

---

(1) Nous devons avouer ici que nous ne comprenons pas bien ce que veulent dire les savants par langues synthétiques et analytiques. Plus nous examinons ces mots et leurs objets, moins nous comprenons ; car le langage nous paraît procéder partout par les mêmes moyens ; que les articles, les pronoms, les prépositions soient placés avant ou après le nom, c'est toujours le même procédé pour créer l'expression.

(2) M. Renan dit qu'il n'admettra jamais que les mots se soient formés par juxtaposition *Origine du Langage*).

les *particules de convention* intercalées dans le verbe pour exprimer l'*état*, le *temps*, la *manière*.

La véritable *interjection* n'est pas un mot, ce n'est pas la parole organisée, c'est le résultat d'une sensation, comme le bâillement ou le rire. Les cris n'ont pas de lois grammaticales.

Nous allons étudier les parties du discours dans l'ordre ordinaire des grammaires ; mais nous placerons le *verbe* à la fin, comme étant la partie la plus importante à laquelle aboutissent toutes les autres.

NOMS.

L'homme ayant appliqué les quelques sons simples que ses organes émettent naturellement pour exprimer les formes types, juxtaposa, en plus ou moins grand nombre, ces mots primitifs pour désigner les êtres ressemblant par un côté quelconque aux formes types ; puis il précisa le sens de ces expressions, soit par le geste, soit par le ton, qui n'est qu'un geste.

Avant de donner quelques exemples de noms, nous ferons observer que ce terme désigne dans notre langue des mots qui ont pourtant de grandes différences de sens.

Ainsi : *cisel* (ciseau) est un nom simple, tandis que *ciseleur* est un nom actif (agent), et *ciselure* un nom d'état, comme *ciselé* est un adjectif passif. On a pu dire que *ciselure* vient du verbe *ciseler* ; mais assurément le mot *cisel* ne vient pas de *ciseler*, car le verbe *ciseler* c'est l'action que l'on fait avec le *cisel* ; or, l'auteur ou l'instrument d'une action existe nécessairement avant cette action. *Ciselure*, au contraire, est le résultat de l'action ; *ciselure* n'est donc pas un nom de la même nature que *ciseau* ; *ciseau* forme le verbe *ciseler*, et *ciselure* dérive du verbe.

EXEMPLE DE NOMS COMPOSÉS.

§ 15.

Vé, premier croissant ; il marche, on le voit, **Ra** ; il brille, **Ve-Ra, Bera** ; ces mots sont hébreux et celtiques. Dans *Vé-ri-té, té* exprime l'état. Vérité, c'est ce qui brille *Berthe* ; **Dago-bera, Heri-bera,** c'est le croissant brillant, une courbe lumineuse.

Me, *Lune*, **ne,** Lune naissante **me-ne,** en grec, la nouvelle Lune. *Néomenie* est un pléonasme, il signifie nouvelle-nouvelle-lune. Le **numine** latin n'a pas d'autre sens, c'est le synonyme de **di-vi-ne,** la lune au second jour, par laquelle on devine ; de là les mots **deva,** devin, **divus,** le croissant brillant du second jour. **Di, deva** est aussi le type du nombre *deux.*

Ne veut dire *rien*, par convention, c'est-à-dire *petit*, — car ce que nous entendons par *rien* ne peut avoir de nom, puisque le nom est l'image de la chose. Le premier homme avait sous les yeux une foule d'objets plus petits que le premier croissant pour exprimer la petitesse ; mais la Lune, montrant régulièrement diverses formes et grandeurs, était l'objet qui pouvait le mieux servir d'étalon pour les divers signes, du *petit*, *moyen*, *grand*, *pointu*, *courbe*, *demi*, *droit*, *circulaire;* puis du *blanc*, etc. **Fa**, briller, **sa**, briller, **fassa** *brillant-brillant*, la pleine Lune; **méně-fassa-té**, état de la nouvelle Lune devenue *face*, c'est-à-dire la lune la plus brillante, *manifeste:*

Phassa, la pleine Lune considérée au point de vue de la grandeur, signifie *très-grand;* ainsi *vaste* n'est que l'état de *face : vassa-té*.

Phassa, considérée comme soulevant la terre et les flots et produisant le déluge forme alors les sens de **vastare**, dévaster, infester. Comment expliquer nos mots *faste, feste, festin?* Le culte seul a formé le sens de ces mots. Outre les quatre grandes solstices, on célébrait la solstice (en italien **luni-stitia**), pleine Lune de chaque mois; on jeûnait jusqu'à minuit. De là l'allemand **fasten**. Mais à minuit, au moment où la pleine lune passe au méridien, les flots se retirent, c'est le symbole de la délivrance de l'homme; la joie céleste, le festin, le soulas commence, c'est la fête, **sole-měně** (et certes le soleil n'est pour rien dans cette fête du médianoche).

Phassa signifie passage en hébreu, et passer. Il en est de même en anglais **past**.

Aux yeux des premiers hommes, la Lune **Phassa** est celle qui passe en traversant le plus grand espace.

Cependant plusieurs langues expriment le mot *passer* avec d'autres éléments (1).

Nous ne donnons ici que l'analyse de quelques mots; il faut étudier le vocabulaire auquel nous renvoyons.

ARTICLES ET CAS.

§ 16.

L'article est un nom auquel, par convention, on a donné un sens déterminatif. La préposition, la conjonction, la disjonction, sont de véritables articles.

L'article existe dans toutes les langues. Il a remplacé l'articulation, le signe fait avec l'index pour déterminer le rapport des noms entre eux.

Dans les langues dérivées, l'article se place devant les noms, comme en français; ou bien accolé devant le nom, comme dans le vieux grec: **tounoma** pour **to onoma**. Les Grecs entourent leurs noms de deux espèces d'articles, car leurs terminaisons de cas sont des articles accolés après le nom.

Le latin, le basque, le sanscrit accolent leurs articles après le nom.

Le copte, comme le mexicain, les accolent souvent avant le nom.

_____

(1) **Gang**, passage, **ver-gangen**, passer, en allemand, l'hébreu **heber** signifie passage, et ce mot **é-be-re** est la nouvelle Lune comme **gu-ango**, primitif dont s'est formé **gang** en allemand.

Quelques langues n'ont qu'un mot pour article ; ainsi **the** en anglais, **ni** en mexicain, correspondent à tous nos articles français : *le, la, les, du, des, au,* etc.

Les articles sont pour les noms ce que les pronoms antéposés, intercalés, juxtaposés, sont pour les noms verbifiés.

Les articles, sous la forme de désinences, de signes, de prépositions, antéposés ou post posés, sont identiques. Ce sont des particules exprimant les rapports, non par leur sens primitif, mais par des conventions spéciales à chaque peuple.

ADJECTIFS ET ADVERBES.

§ 17.

L'adjectif n'est que la qualité, l'état d'un objet appliqué à d'autres objets : quand nous disons *du fromage dur*, *dur* est tout simplement un nom dont nous ne connaissons plus le sens primitif. Nous disons une volonté de *fer*, un cœur de *roche*.

L'adjectif était un nom invariable servant à qualifier un autre nom. La langue anglaise l'emploie encore ainsi. Le vieux français ne l'employait pas autrement. Nous disons encore : un *fort*, un homme *fort*, un esprit *fort*, manger *fort ;* ces dames sont très-*bien*, ce monsieur est *bien*, toutes ces choses sont *bien ; bien* est assurément, dans ces locutions, un adjectif invariable, mais la langue primitive seule montre que cet adjectif *bien* n'est qu'un nom : **Be-ne Bo-no** *la lune naissante et bienfaisante*, type des mots *beau, bien, bon,* qui étaient identiques pour le sens dans le langage des premiers hommes.

Si le nom, au lieu de qualifier un nom simple, qualifie un nom verbifié, c'est alors un adverbe : manger *bien*, travailler *fort*. L'adverbe et l'adjectif ne sont donc, en principe, qu'un seul et même mot.

Le comparatif et le superlatif s'expriment de deux manières :

1° Positif, *bon ;* comparatif, *bon bon ;* superlatif, *bon bon bon.*

2° Positif, *bon ;* comparatif, *bien bon ;* superlatif, *très-bon.*

Bien veut dire *deux ;* et *très, trois.*

Un exemple curieux de cette loi primitive, c'est notre dieu gaulois **Teu-ta-té**, *trois fois saint ;* le dieu égyptien **Teu-té**, *deux fois saint*, et les positifs **Té** et **Thé** *dieu.* A Madagascar, **To** *la vérité*, **to-to**, ce qui est bien vrai, **to to to**, ce qui est très-vrai, *trois fois vrai.*

PRONOMS.

§ 18.

Les langues n'ont que trois pronoms : *Je, tu, il ;* c'est-à-dire 1, 2, 3. *Un, le premier, moi,* **IA.** *Deux, le second, toi,* **BU.** *Trois,* **alter,** *un autre, le troisième.* Quelquefois cette troisième personne est exprimée par l'absence de pronom.

Singulier.		Français.	Sanscrit.	Picard.	Celte.		Basque.	Copte.
	1	**Je** I	**Mi**	**Mi**	**Me**	**Ni**	**Nu**	**N**
	2	**Tu s**	**Si**	**Ti**	**Te**	**si**	**Zu**	**K**
	3	**Il T**	**Ti**	**I**	**Hé**	**Ti**	**Ar**	

Les trois personnes du pluriel ne sont que les combinaisons des personnes du singulier arrangées un peu selon le goût de chaque peuple. Elles sont beaucoup moins régulières que le singulier.

Pluriel.
1 + 2 *Je* et *Toi* = *Nous*, **me-su,** **mes, meta;**
2 + 3 *Toi* et *Lui* = *Vous*, **te-su,** **es, ez ;**
3 + 3 *Lui* et *Lui* = *Eux*, **ii** **nt ;**

Le rôle du pronom est de verbifier le nom. Il suffit de placer le pronom devant un nom pour le rendre verbe : *Je louange, je courbe, tu plâtres, il marche.* Il en est de même dans toutes les langues, comme nous le verrons à l'article verbe.

Le pronom s'emploie de trois manières pour verbifier le nom : 1° on le place devant le nom ; 2° on l'accole après le nom ; 3° on l'intercale entre le nom et d'autres particules verbifiantes de temps ou de manière.

Le pronom, comme tous les autres noms, devient adjectif; **mi** et **ti** signifient aussi bien *moi* et *toi* que *mien* et *tien*.

ÉLÉMENTS AUGMENTATIFS ET NÉGATIFS.

§ 19.

En général, ces éléments ont été fort peu étudiés par les grammairiens ; ce sont des mots simples ayant toujours deux sens contraires et qui jouent un rôle immense dans la formation des expressions d'un grand nombre de langues.

	Augmentatifs.		Négatifs.
A	**a**-courir, **a**-faiblir, **a**-fermer.	A	**a**-thée.
E	**é**-mettre, **é**-clairer, **é**-carir, **é**-mietter.	E	**é**-barber, **e**-radicere, **é**-piler.
O	**o**-frir **(fero), o**-béir, **o**-pérer.	O	**o**-mettre.
I	**i**-rriter, **i**-soler.	I	**i**-gnorance, **i**-gnobilis.
.OU	**ou**-vrir.	OU	négation grecque.
DE	**dé**-montrer, **dé**-clarer.	DE	**dé**-faire, **dé**-graisser.
DIS	**dis**-séquer, **dis**-poser, **dis**-cerner,	DIS	**dis**-parate, **dis**-proportion, **dis**-grâce.
MI IM	**im**-moler. **im**-ponere, en latin	MI IM	**mé**-priser, **im**-mense. **im**-mérité.
MA	oui, certes,	MA	non, pas du tout, en grec.
NE	**nai,** oui, en grec.	NE	négation dans plusieurs langues.

PRÉPOSITIONS, CONJONCTIONS, DISJONCTIONS.

§ 20.

Ces trois espèces de mots ne sont que des articles déterminatifs, c'est-à-dire des noms primitifs dont le sens premier disparaît pour n'avoir plus qu'un sens de convention servant à déterminer les autres noms.

Quelques-uns de ces mots paraissent même n'être autre chose qu'une espèce de tic ; c'est ainsi que nos paysans emploient encore des **na, da, la,** et quelquefois des sons tout particuliers, entremêlés dans leurs discours. Ce sont des superfétations qui sont impossibles à analyser, car elles sont de la nature de l'interjection, c'est-à-dire des émissions de voix qui peuvent bien attirer l'attention, mais qui n'ont pas de sens fixé : ainsi **ah !** exprime la joie ou la douleur, selon le ton, c'est-à-dire le geste qui le détermine.

DU VERBE.

§ 21.

Le verbe se compose d'un nom et des pronoms placés avant ou après le nom, qui est le radical, et enfin de particules exprimant le *temps,* le *mouvement,* l'*état,* la *manière* ; puis de quelques consonnes euphoniques intercalées pour éviter l'hiatus. L'usage de ces lettres euphoniques est relativement moderne.

Dans aucune langue, aucun temps ne se forme d'un autre temps.

Chaque temps se forme d'un nom radical qui est entouré et déterminé par diverses particules, signes du passé, du futur et des autres nuances des temps primitifs, nuances que l'on appelle temps secondaires.

Voici les principales particules que les divers peuples ont employées pour verbifier leurs noms :

1° Action : **ma, me, mi,** renversées en **am, em, im,** exemples : prison, **em**-prisonner ; poignée, **em**-poigner ; plein, **em**-plir ; bête, **em**-bêter ; **mola, immolare,** latin ; fourche, **en**-fourcher. **Re, er, fi, fer,** ont le sens de *faire, devenir,* dans toutes les langues les plus connues : **re**-mercier, dé-**fi**-er (voir la démonstration XV°).

2° Temps : **a, e, i** expriment le plus souvent le passé, **o,** le futur ; mais les peuples ont un peu varié dans l'emploi de ces signes. **Ra** exprime le futur dans plusieurs langues de l'Europe.

3° Manière : **i.**

4° Etat : **é, té, u, tu.**

En général, ce qui est resté à peu près inconnu jusqu'ici, c'est la nature des terminaisons personnelles, qui ne sont que de véritables pronoms *dans toutes les langues,* ce qui fait que l'on peut dire d'un verbe français : ce n'est qu'un *nom* placé entre deux *pronoms.*

Pronoms.	Pronoms terminaux français.		Pronoms terminaux grecs.			
Je	i	mi	mai	n (pour ni)	a	o
Tu	s	si	sai	s		
Il	t	ti	tai			
Nous	ons mes	men	meta			
Vous	ez tes	te	ste			
Ils	nt rent	se	ntai	san		

Les pronoms des cinq dialectes grecs réunis comprennent les pronoms de toute la terre. — Le moi humain est l'expression la plus intime, la plus particulière de notre existence. Comment le Mexicain, l'Hébreu et le Basque ont-ils pu s'entendre pour exprimer cette idée si personnelle par ce mot identique **Ni, Nu?**

On est tenté de croire qu'ils le tenaient d'un père commun.

Il suffit de placer les pronoms personnels devant l'objet le plus inerte pour en faire un verbe :

Je	plâtre		Je	louange	
Tu	plâtre	s	Tu	louange	s
Il	plâtre		Il	louange	
Novs	plâtre	ons	Nous	louange	ons
Vous	plâtre	ez	Vous	louange	ez
Ils	plâtre	nt	Ils	louange	nt

La Langue primitive met un pronom ou désinence personnelle avant le nom qu'elle veut verbifier ; elle les met quelquefois accolés après le nom. Plusieurs langues, comme l'hébreu, le français, en mettent avant et après le nom.

Cependant ces mêmes langues verbifient leur nom à la manière primitive ; ainsi l'anglais au subjonctif :

Que j'aime	Tho'I	love
Que tu aimes	Thou	love
Qu'ils aiment	He	love
Que nous aimions	We	love
Que vous aimiez	You	love
Qu'ils aiment	They love	

Le nom **love**, *amitié*, devient verbe par le fait seul qu'il est précédé des désinences personnelles de convention.

Les habitants de Madagascar ne procèdent pas autrement.

Zao je	**mi** *fais*	**teïa** *amitié*,	J'aime		
Ano	**mi**	**teïa**	Tu aimes		
Ri	**mi**	**teïa**	Il aime		
Zahai	**mi**	**teïa**	Nous aimons		
Ana reo	**mi**	**teïa**	Vous aimez		
Reo	**mi**	**teïa**	Ils aiment		

Le nom **teïa,** *amitié*, se trouve verbifié par les désinences personnelles et une caractéristique verbale **mi.** Revenons à quelques mille lieues, chez les Celtes-Bretons, ils font absolument de même :

Me	a	**gân**	*Je chante*
Te	a	**gân**	*Tu chantes*
Hen	a	**gân**	*Il chante*
Ni	a	**gân**	*Nous chantons*
C'houi	a	**gân**	*Vous chantez*
Hi	a	**gân**	*Ils chantent*

Le nom **gân (kan)** *chant* se trouve verbifié par des désinences pronominales et une caractéristique **a** absolument comme à Madagascar. D'où peut venir une pareille coïncidence?

Des rivages de l'Océan, pénétrons dans le sein de l'Europe, en Allemagne :

Ich	**lob**	**e**	*Je louange*
Du	**lob**	**est**	*Tu louanges*
Er	**lob**	**et**	*Il louange*
Wir	**lob**	**en**	*Nous louangeons*
Ihr	**lob**	**et**	*Vous louangez*
Sie	**lob**	**en**	*Ils louangent*

Le nom **lob** *éloge, louange,* se trouve verbifié par des pronoms et des désinences pronominales moins caractérisées que dans le français.

Passons la Méditerranée et voyons le copte, cette vieille langue populaire de l'Égypte ; elle accole les six lettres pronominales et forme ainsi le verbe. Nous séparons les lettres pronominales dans notre exemple afin de faire mieux voir la simplicité de la formation. E, en copte, signifie l'*être*, l'*existence*, et cet **E** juxtaposé à **RE** signifie, comme **RE** seul, l'*action*, **ER.**

E	**I**	*Je suis*	**Er**	**I**	*Je fais*
E	**k** (1)	*Tu es*	**Er**	**k**	*Tu fais*
E	**f**	*Il est*	**Er**		*Il fait*
E	**n**	*Nous sommes*	**Er**	**n**	*Nous faisons*
E	**reten**	*Vous êtes*	**Er**	**ten**	*Vous faites*
E	**re**	*Ils sont*	**Er**	**re**	*Ils font*

Traversons l'Océan et abordons au Mexique. Personne ne sait d'où vient cette langue, qui procède dans la formation de son verbe comme le celte et l'égyptien. Encore une fois, d'où vient cette similitude?

---

(1) K est un S : **Kuros** *Cyrus*, **kuklos** *sicle*, *cycle*, et *siècle* **seculum.** Contrairement à ce que l'on enseigne : **Kaisaros** grec doit se prononcer **Césaros.**

Mexicain			Vieux français	
Ni	Sa	*Je suis*	*Que je*	**sa-ie**
Ti	Sa	*Tu es*	*Que tu*	**sa-ies**
	Sa	*Il est*	*Qu'il*	**sa-ie**
Ti	Sa-te	*Nous sommes*	*Que nous*	**sa-yons**
An	Sa-te	*Vous êtes*	*Que vous*	**sa-yez**
	Sa-te	*Ils sont*	*Qu'ils*	**sa-yent**

Nous avons mis en regard du mexicain le subjonctif du verbe *être* en patois français.

DES TEMPS

§ 22.

En principe, il n'y a pas de temps. Le *passé* n'existe que dans la mémoire, le *futur* dans l'imagination, le *présent* est insaisissable. Un poëte a dit :

Le moment où je parle est déjà loin de moi.

Dans l'usage nous avons trois temps : *passé, présent, futur*. Tous les autres temps ne sont que des modifications de ces trois temps.

Les temps et les modifications des temps s'expriment par de petites particules accolées au nom verbifié. Ces particules n'ont jamais été étudiées d'une manière sérieuse. Nous pensons que le *sigma*, caractéristique du futur grec; le *b* du futur latin; le *cappa* du parfait grec; le *v* du parfait latin, ne sont que de simples lettres euphoniques servant à séparer les *voyelles accumulées*, véritables caractéristiques de ces divers temps.

En français, le présent s'exprime par l'adjonction du pronom au nom que l'on veut verbifier : *Je louange*. Le futur s'exprime par l'adjonction de la verbifiante RA intercalée entre le nom et le pronom final :

Je	louange	RA	**i** (1)
Tu	louange	RA	**s**
Il	louange	RA	
Nous	louange	RA	**ons**
Vous	louange	RA	**ez**
Ils	louange	RA	**ont**

Voici un exemple du futur premier grec (nous en demandons pardon à ceux qui l'appellent second) qui n'est formé que d'une voix longue insérée entre le nom radical et le pronom final.

---

(1) *Je louangerai* se compose du pronom initial *je*, du nom ou substantif *louange*, de la particule déterminative de temps *RA*, et du pronom final *I*. Tous les verbes, tous leurs temps, dans toutes les langues, se forment par des procédés identiques.

Grec		Malgache			Breton			
Tupé o mai	je frapperai	Zao	ho teia	j'aimerai	Me	a karoud o	j'aimerai
Tupé o saï		Ano	ho teia		Te	a karoud o	
Tupé o taï		Ri	ho teia		Hen	a karoud o	
Tupé o meta		Zahai	ho teia		Ni	a karoud o	
Tupé o ste		Ana reo	ho teia		C'houi	a karoud o	
Tupé o ntai		Reo	ho teia		Hi	a karoud o	

On voit que, comme le grec, le malgache et le celte forment leur futur par l'insertion d'une voix longue, **ho** et **ô.** En renversant le futur malgache, on a **teia-ho-zao ,** c'est l'ordre du futur grec **tupé-o-mai,** qui signifie, en vieux français, **tape-ra-i, tape** nom, **ra** signe du futur, **i** pronom.

Cet O exprimant le futur ; O qui se rencontre aussi pour exprimer ce temps dans la douce langue des Cafres, n'est peut-être qu'une coïncidence fortuite. Mais ce qui n'est pas fortuit, c'est que tous les peuples forment leurs verbes d'après les mêmes principes. Tous ne procèdent pas avec la même simplicité. La divergence des éléments employés dans la formation semble indiquer qu'avant la dispersion de la première famille, les mots n'étaient encore, pour la plupart, déterminés que par le geste, tandis que l'on voit que les deux pronoms indispensables, *moi* et *toi*, sont exprimés par le même son, comme *père*, *mère*, *Dieu*, par des mots universels et toujours ressemblants.

Manières d'exprimer le passé :

Français		Copte			Latin			Grec		
Aim A *i*	A i	mé	Ama V I	é filè S	(1) A					
Aim A *s*	A k	mé	Ama V I sti	é filè S	A s					
Aim A	A che mé		Ama V I t	é filè S	A					
Aim A *mes*	A n	mé	Ama V I mus	é filè S	A men					
Aim A *tes*	A re	mé	Ama V I stis	é filè S	A te					
Aim A *rent*	A ou	mé	Ama V I erunt	é filè S	A n					

Le français, le copte et le grec se sont servis d'un A pour exprimer le passé ; le latin d'un I ; ce qui montre qu'il n'y a dans ces formations que des conventions particulières.

J'ai loué (allemand)			J'ai aimé (madécass)		J'étais (copte)		
Ich	**lob** T e	**Zao**	**Ni teia**	N é i	*J'étais*
Du	**lob** T est	**Ano**	**Ni teia**	N é k	*Tu étais*
Er	**lob** T e	**Ri**	**Ni teia**	N é ch	*Il était*
Wir	**lob** T en	**Zahai**	**Ni teia**	N é n	*Nous étions*
Ihr	**lob** T et	**Anareo**	**Ni teia**	N é reten	*Vous étiez*
Sie	**lob** T en	**Reo**	**Ni teia**	N é ou	*Ils étaient*

---

(1) Le V latin, l'S grec, ne sont pas des lettres caractéristiques comme on l'enseigne dans les grammaires, ce sont des lettres purement euphoniques. Les passés latins sans V, les passés (aoristes, parfaits) grecs sans S et sans K, le montrent clairement.

Nous voyons ici que l'allemand a formé le passé par l'intercalation d'un T entre le radical et la terminaison.

Le madécasse, comme le copte, se sert de **Ni,** N, placés devant le radical pour former le passé. C'est toujours le même procédé avec des éléments identiques ou divers.

Voici encore une manière équivalente de former le passé :

Passé breton				Passé mexicain		
Me	**a gan** É	*Je chantais*		**O ni**	**cihu**	*J'ai fait*
Te	**a gan** É	*Tu chantais*		**O ti**	**cihu**	*Tu as fait*
Hen	**a gan** É	*Il chantait*		**O qui**	**cihu**	*Il a fait*
Ni	**a gan** É	*Nous chantions*		**O niqui**	**cihu**	*Nous avons fait*
Choui	**a gan** É	*Vous chantiez*		**O anqui**	**cihu**	*Vous avez fait*
Hi	**a gan** É	*Ils chantaient*		**O qui**	**cihu**	*Ils ont fait*

Que des peuples sauvages ou policés, mais loquaces, aient introduit un plus grand nombre d'éléments constitutifs du nom en verbe ; que l'on n'ait pas toujours su reconnaître comment leurs verbes étaient formés, ce sont là des faits certains.

Nous n'avons voulu montrer que la règle primitive ; et ce dernier verbe mexicain, **O ni cihu,** avec son **O** négatif, comme le **Ni** madécass, le **N** copte, le simple **É** celte-breton, ajouté au radical pour former le passé (1), ces faits montrent que la formation des verbes a été sans mystère dans toutes les langues de la terre.

Nous terminerons par quelques mots sur le grec et le latin.

FORMATION PRÉTENDUE IRRÉGULIÈRE DE CERTAINS VERBES

§ 23.

Le radical est invariable dans le verbe primitif, mais le radical est un nom, et les noms ont toujours varié dans leurs voyelles et même dans le nombre de leurs éléments constitutifs, et cela d'un village à l'autre.

Voici comment s'expliquent les verbes dits irréguliers de toutes les langues :

Ce que nous entendons par conjugaisons, avec des cadres tout faits, était jadis complètement inconnu ; le verbe n'était qu'une forme accidentelle du nom. Or, comme plusieurs noms exprimaient la même chose, on employait tantôt l'un, tantôt l'autre pour radical, non seulement d'un temps à un autre temps, mais même d'une personne à l'autre, dans le même temps. De là l'irrégularité des verbes exprimant les actions les plus usuelles du premier âge du monde :

---

(1) Mais n'oublions pas que les temps ne se forment même pas toujours du même radical. Le verbe **mont,** *aller,* en breton, n'entre dans aucun de ses temps.

Je **Su**-*is* fait *j'*É-*tais*, puis, *il* **FU**-*t* ; voilà trois noms servant de radicaux au verbe *être*. Nous disons trois noms, car le verbe être n'est pas d'une
autre nature que les autres ; il n'avait pas le sens tout abstrait que nous lui
donnons, et les formes : **e-o, ei-mi,** grecques, signifient *je vais, je suis*.

Etre, c'est *aller*, c'est *agir*, c'est *briller*, c'est *être visible*.

E, FU, SE, primitifs qui expriment surtout paraître, être visible, aller.
Andare a souvent le sens d'*être*, en italien : **Va mancando di
tutto,** *il est manquant de tout*.

Le verbe *je vais, nous allons, j'irai, je fus*, est formé de quatre noms :
VE et **BE, ALO, I, FU;** et **E** dans *j'ai été*, pour *je suis allé*.

Les verbes *être, aller, venir, devenir,* sont identiques dans toutes les
langues, et jouent à peu près le rôle de notre verbe *être*.

Le grec forme des temps de noms divers pour exprimer la même action
verbale ; ainsi, tandis qu'il forme le passé de *prendre* avec le nom **labé,
e-labè-on,** *j'ai pris*, il en forme le futur avec **lepsis, lepse-o-mai,**
je prendrai, puis le présent avec deux noms juxta-posés, **lama-bana** ou
lana-bana, car le **m** n'est appelé ici que par euphonie, **lambana-o,**
je prends

Ceux qui ont imaginé des transformations du radical se sont trompés. Le
radical ne se transforme pas plus dans ce mot grec que dans le français, *je
vais, vai* ne se transforme en *al* au pluriel, nous *all-ons*, ou en *i* au futur,
nous *i-rons*.

Pas plus que dans l'italien **va** ne se transforme en **anda;** ces noms radicaux sont tout simplement identiques de sens et différents de sons.

Nous affirmons donc de nouveau qu'en principe *aucun temps ne se forme
d'un autre temps*.

Le passif grec se forme, comme le passif français, à l'aide de l'auxiliaire
être et de particules indiquant la passivité, le tout accolé et joint de manière à
ne former qu'un seul mot. Ainsi : **lu-té-so-mai** signifie, en langue primitive : *déli-é-sera-je*, ou *déli-é-sera-moi*.

Je n'insiste pas sur cette démonstration ; ceux qui ne voudront pas la
comprendre pourront continuer d'étudier les anciennes formations données
par les grammairiens.

Le latin passifie son actif par un *r* caractéristique.

LETTRES EUPHONIQUES DANS LES VERBES

§ 24.

Le verbe français **avoir** démontre bien l'introduction par les écrivains de
lettres euphoniques dont le peuple ne tenait pas toujours compte :

J'	A-i	J'	A-ra-i	J'	ai	É-vu	pour é-u
T'	A-s	T'	A-ra-s	T'	as	É-vu	
Il	A	Il	A-ra	Il	a	É-vu	
Nous A-ons (1)		Nous A-ra-ons		Nous ons É-vu			
Vous A-ez		Vous A-ra-ez		Vous ez É-vu			
Ils A-ont		Ils A-ra-ont		Ils ont É-vu			

Cette conjugaison en patois montre que le verbe *A-voir* est tout entier dans les lettres A et E ; que la lettre V de ce verbe est euphonique, comme **b** et **v** en italien. Le français académique ne la met pas dans *que j'aie eu*, le paysan français la met dans *j'ai éVu*. L'académie italienne dit : **che aBBia aVuto;** elle imite le patois français, double l'euphonique B et la remplace par un V dans **aVuto.** On voit que tous ces procédés sont arbitraires et sans règle; il en est de même dans toutes les langues, car elles n'ont toutes que des usages plus ou moins illogiques, et presque rien qui mérite d'être appelé règle.

DÉMONSTRATIONS DIVERSES

I — LES PREMIERS MOTS

Les noms primitifs sont restés dans toutes les langues avec le même *sens* qu'ils avaient aux premiers jours de l'humanité, mais ils n'ont pas toujours le même *son.* Chacun devra étudier les noms suivants dans la langue qui lui est le plus familière :

Bêtes, arbres, herbes, pierres, terres, métaux; eau, lune, lumière, couleurs; membres, outils, armes, couverts, vêtements; plaisir, douleur.
Ces mots contiennent à peu près tous les noms.

Les trois formes principales de la Lune étant prises comme adjectifs, on a *petit, moyen, gros;* puis les formes *aiguë, ovale, ronde, concave, convexe.*

Les noms des couleurs sont lunaires : *blanc, jaune, cendré, noir,* etc.

La *lumière* et le *blanc* sont types ou symboles du *beau,* du *bon,* du *vrai,* et l'*ombre,* le *noir,* types du *laid,* du *mal,* du *faux,* du *ténébreux.*

Toutes les idées de *nombre* et de *mesure* reposent sur la marche de la Lune, qui fut le *type diviseur* pour les premiers hommes : **Mes, Mité, Mitra.** La quantité des mots s'augmenta par un examen plus attentif des êtres. Le petit enfant, pendant quelque temps, nomme une *bête* tout ce qui marche; il distingue plus tard. Les premiers hommes classèrent les bêtes en cornues

---

(1) Nos paysans contractent à la manière grecque, car la contraction est le pendant de la lettre euphonique; ils prononcent *nous-ons,* et plus souvent *j'ons,* au futur *j'arons.* Que l'on veuille bien croire que tout cela n'est pas toujours un langage corrompu, c'est le plus souvent une langue conservée.

(ari), oiseaux, poissons, serpents, vers, mouches ; puis, cette seconde série de noms étant modifiée par *petit, moyen, grand,* par *blanc, gris, noir,* etc., il en résulta une troisième série de noms assez considérable. Devant chacun de ces noms, il suffit de placer les pronoms pour en former un verbe : *je grossis, je noircis, je blanchis;* plus en y ajoutant une particule verbifiante : *je ra-petisse,* etc. (revoyez l'article Verbe).

Les mots les plus difficiles à comprendre sont ceux qui ont été formés par le culte, certains usages et surtout certaines croyances, qui ne sont venus jusqu'à nous que fort altérés ; mais un fait certain, c'est que l'interprétation la moins savante se trouve toujours la plus vraie. Que l'on ne tombe pas pourtant dans un autre défaut, en croyant à l'état sauvage; l'homme est né civilisé ; il a créé méthodiquement son langage d'après un type un et multiple, régulier et multiforme, versicolore, et de plus métrique et périodique.

Voici quelques exemples des diverses expressions de culte et d'usage :

Canere, *chanter,* c'est acclamer l'apparition de la blanche **Cana,** *la nouvelle Lune;* en grec, **mènè,** *nouvelle Lune,* fait **umènè,** *hymne,* et *chant d'hyménée,* parce que l'on se mariait le jour de la nouvelle Lune. La nouvelle Lune a une quantité de noms : celui de **Cine,** que l'on retrouve au fond de l'Asie, comme en Angleterre, en Egypte, en Judée, comme en Italie, a formé plusieurs verbes : **re-cine,** *chante,* latin : **sin-ge,** *chante,* anglais et allemand; le mot grec **kunéo,** *adòrer,* n'est pas autre chose que **cine.** C'est sous le nom de **Sin** que divers peuples, et notamment les Sabéens, rendent hommage à la Lune; **sin** en grec, **sun,** à cause de l'usage de se rassembler sur la montagne au premier jour de la Lune, à cause aussi de la conjonction de la lune avec le soleil, signifie *ensemble* (voyez **cine** au Vocabulaire).

MÊMES RACINES, PRINCIPES DE LANGUES DIVERSES

Voici un mot qui montre l'identité du grec et de l'hébreu, c'est-à-dire de toutes les langues non altérées par l'isolement :

Hébreu		Grec	
Iera	*Lune*	**Iero-menia**	*nouvelle Lune*
Iera	*vénérer*	**Iereuo**	*consacrer*
Iera	*instruire*	**Iereus**	*prêtre*
Iera	*craindre*	**Iereion**	*victime*
Iera	*piété*	**Ieros**	*saint, divin*
Ieria	*peuple de Dieu*	**Ieron**	*consacré à la Divinité*

Les Grecs nomment Cybèle la mère **idéenne** (1), or Cybèle c'est **Isis,** c'est-à-dire la Lune et ses formes; c'est *Myrionyme,* et Myrionyme c'est le

---

(1) Tout ce que les poëtes et leurs commentateurs ont écrit sur ce mot sont de pures rêveries; Ida, c'est la Lune, et le mont Ida, le mont de la Lune ; Ida, c'est le type, l'image, la forme première, *l'idée.*

langage humain basé sur les formes lunaires et toutes leurs combinaisons,
murionuma, *dix mille noms* ou *innombrables noms.*

Connaître les principaux noms de la Lune et leurs sens, c'est posséder
le fondement de tout le langage, qui n'est qu'une seule et même langue
dont les principes ne paraissent disparates que parce que l'on ne connaissait
pas les éléments, différents de *son,* identiques de *sens,* qui constituent l'art de
parler et d'écrire. N'oublions pas qu'écrire, c'est-à-dire désigner, déterminer,
gesticuler, constituait la moitié du langage, dont la voix n'était que l'autre
moitié.

II — LE CRÉATEUR

Les mots *bras, main,* ont été et sont, dans toutes les langues, l'expression
employée pour nommer le Créateur.

Voici encore un autre principe : le nom d'un peuple est le nom sous lequel
il adore la Divinité. Tous les peuples ne se sont jamais appelés que les *enfants
de Dieu ;* leur roi était leur prêtre et leur médecin. Aussi le nom de Dieu est-
il toujours celui du roi, son vicaire, le vice-dieu sur la terre, celui du prêtre,
puis celui du temple, celui de l'hostie (voyez Démonstration Ire).

Le nom *juif* est égal à *breton* comme 7+2 et 6+3 sont égaux à 9 quoique
exprimés en signes complètement différents.

BRAS ET MAINS CRÉATEURS

Breton		Hébreu	
Bre-ach	bras	Ia-d	main
Bre-izad	breton	Iu-dai	juif
Bre-iz	Bretagne	Iu-da	Judée
Bra-z	grand	Ia-al	grand
Bra-o	beau	Ia-phe	beau
Bra-ga	se réjouir	Ia-bel	se réjouir
Bra-ssat	augmenter	Ia-saph	augmenter
Bra-gez	les gazons, les pousses	Ia-rak	toutes les verdures
Bre-ou	le magicien	Ia-dani	le devin

Pourquoi, dans deux langues si éloignées, des mots qui paraissent dissemblables ont-ils été formés de la même manière, ayant pour principe **Iad,** *main,*
en Judée, et **Breach,** *bras,* chez les Celtes ? C'est que ces deux langues ne
sont qu'une même langue, car le **Brea, Bra,** breton, est aussi hébreu ;
c'est le second mot de la Genèse : **Braa, bara,** il *créa.* Or, qu'est-ce qui
créé, si ce n'est le bras (1) ? Notre mot *créa,* c'est le **kéri** grec, *la main ;*

(1) « Il manie habilement la parole. » Quelle singulière pauvreté d'expression ! *Manier
des paroles,* placer des paroles à la main. L'homme ne peut exprimer ses pensées que par
de véritables tours de force d'imagination, de convention. Cette manière de s'exprimer fait
image, c'est un style imagé, dit-on ; assurément, car les lois primitives du langage démontrent que tout mot est une image, même les conjonctions **avec, ama, sun,** etc.

c'est le **kri** sanscrit, *faire avec la main ;* c'est notre mot **cric,** la main de fer qui soulève, qui suspend, **kremao** grec; c'est la main sans laquelle l'homme ne peut rien prendre et apporter. **Vas-cri,** en patois, c'est-à-dire vas *quéri-r,* vas prendre avec la main ; **keri,** grec χειρ, χερι, nom formateur du verbe *cré-er,* comme main de manier.

III — AMÉRIQUE, CHINE

La Langue primitive s'est altérée considérablement malgré l'écriture lunaire.

Elle s'est altérée jusqu'à devenir méconnaissable là où les peuples ont vécu sans écriture et surtout isolés du centre primitif.

Les hommes ont tous les mêmes organes, mais tous ne font pas usage des mêmes *nuances* d'un organe.

Quand les missionnaires donnèrent à lire le mot **Christus** à certains Chinois, ils lurent : **ki-li-so-tou-sou.**

On comprend que ce mot, où l'**r** est changé en **l,** où chaque consonne est suivie d'une voyelle, étonne un peu notre oreille. Mais n'allons pas aussi loin. En Portugal, on dit : **fallando francez,** *parlant français.* Ceci s'explique d'autant moins que les Portugais ont toutes nos lettres, l'**r,** le **p,** qu'ils prononcent comme nous.

On voit, par ces exemples si proches, comment les Américains, qui manquent souvent de cinq ou six de nos consonnes, ont des mots qui, ayant la même origine que les nôtres, ne peuvent cependant être reconnus, aussi bien à l'œil et à l'oreille, que l'identité de **grosso** et **colosso,** celle de **fallando** et *parlant.*

Que l'on donne le mot *défiguré* à prononcer à un Mexicain, il dira : **té-pi-hou-lé;** *ferrugineux,* il dira : **pé-lou-hi-nou.**

Ne sont-ce pas là des faits qui montrent pourquoi on ne peut expliquer certains de leurs mots venant d'une antique origine, puisque nous ne reconnaissons plus nos propres paroles aussitôt qu'ils les prononcent.

Il ne faut donc point espérer déchiffrer tous les nombreux mots de ces langues avec les éléments primitifs. Qu'il nous suffise d'en retrouver assez pour montrer le lien commun de l'espèce humaine.

Voici quelques-uns de ceux que l'on reconnaît facilement : **No-ta,** *mon père,* dit le Mexicain ; **Atta,** *mon père,* disaient les Grecs et les Latins ; **Ta, tad, ta-io,** disaient les Celtes. On sent qu'il ne faut pas beaucoup de mots de cette importance pour démontrer l'unité d'origine des langues et des races.

Mes, *le mois, la lune,* disaient le sanscrit, le latin, le teuton. **Mess-tli,** *la lune,* dit le mexicain. Le Péruvien avait des temples à la lune, **Quilla ;** il n'a pas notre **g,** par conséquent il ne peut prononcer **guilla,** *guille.* Notre préposition *par* est **pal** chez les Mexicains, qui n'ont pas de **r** et le remplacent par **l. No-ma,** au Mexique, *la main;* chez les Européens, ma-no; en Asie, ma-nou, le Créateur, Χερι; Auvergne, Ma (voyez surtout guille au Vocabulaire).

Le christianisme n'a pas pu faire changer les habitants du Nord dans leurs diverses manières de nommer Dieu : **Bogue, Gote, Cote, Gode.** On ne peut donc pas supposer que des missionnaires d'une foi quelconque, en des siècles inconnus, aient fait adopter le nom **TE** par toute la terre. Ce nom de Dieu est venu à tous les peuples de leur premier père, par la voie du premier langage.

Les attributs les plus divers ont été appliqués, comme nom propre, à Dieu, suivant le goût de chaque peuple. Nous donnons ici **TE** et **MA-NO,** comme étant les deux attributs de Dieu les plus universels, et qui signifient : *la main qui agit, manouvrier,* **manus operans.**

Theu-té	Égypte	Theute, *main*
Theu-tli	Mexique	
Thé-os	Grèce	Thè, *prends,* c'est-à-dire *em-poigne*
Theu-taté	Gaule	Trois fois Té
Go-Te	Allemagne	Cote en teuton
Ti	Chine	
Tou, Tatou	Amérique, Océanie	Mani-tou; Mens, Mentis, Mentor
Di-os	Grèce	
De-us	Latium, Gaule	Par-Dé, par-Di, par-Dieu en France
Go-De	Angleterre	

Le nom du Créateur, *main agissante,* égale le grec inusité **Keri-ter,** et le sanscrit **Kri-tri,** *agent manuel qui fait ;* puis **MA** (main), croissant, **NO,** nouveau.

Ma-no	le *Créateur* d'Adam
Ma-nou	le *Créateur* dans l'Inde.
Ma-ni-tou	le *grand Esprit,* Amérique
Mê-nu-tor	en grec, le *Guide,* l'*Esprit révélateur*
Gora-Ma-no	le *Principe,* en Égypte
A- Mo-no	*idem,* Égypte
A- Ma-no	l'*Eternel, Architecte du ciel* (hébreu)
Aco- Mo-no	*Celui qui était avant le chaos* (Grèce)

On sait que **Mane** veut dire *homme* dans un grand nombre de langues. **Mane,** c'est Dieu et l'homme, l'ouvrier et l'image de l'ouvrier. L'homme s'est toujours considéré comme le Dieu de la terre, c'est-à-dire le premier être terrestre, le *vice-Dieu.* Les princes portaient les noms de *dieux.*

Adam, disent les Sabéens, montra à ses enfants à adorer le jour de la Lune; ils le nomment l'*apôtre de la lune* (Maïmonides).

Le père d'Abraham, Tharé, avait douze figures des douze Lunes de l'année qu'il adorait (YASCHAR, *le Livre du Juste*).

Le croissant, la demi-lune et la pleine lune, furent les trois grands jours d'adoration ; de là le nombre sacré de *Trois*.

Les sept premières formes du croissant furent toujours observées avec un grand soin ; tous les sept jours, la lune a une forme fixe. Les premiers hommes pensaient que tout être qui agit, agit par la loi que le Créateur lui a imprimée, aussi la lune fut-elle le type du serviteur, l'indicateur de Dieu, l'instrument qui fait ressouvenir, d'où le mot grec **mènao, mnao,** se souvenir. *Trois, sept* et *douze* furent des nombres sacrés, comme *quatre*, à cause des quatre solstices, **lunistitie,** principales.

Outre les noms de ses principales phases, la Lune reçut des noms particuliers pour les jours de chaque mois. La facilité de former avec les éléments, primitifs des expressions identiques de sens et fort dissemblables de sons, enfanta une foule de noms lunaires. La Lune, *mère, idéenne,* devint *myrionyme*. La poésie et l'amour du merveilleux, ces tristes infirmités de l'esprit humain, portés au plus haut degré chez les Orientaux, interprétèrent ces simples noms lunaires et les traduisirent en croyances plus ou moins fausses. L'esprit des sages s'égara dans un dédale d'aberrations. Et quand, de loin en loin, apparaissait un homme au jugement plus droit, il ne pouvait comprendre toutes ces croyances, sa raison alors niait tout ; ou bien, entraîné par le torrent, cet homme, à son tour, ajoutait à la masse des interprétations erronées, ses propres interprétations, qui souvent ne l'étaient pas moins; de là toutes les mythologies du monde.

Nous renvoyons au vocabulaire pour les divers noms des dieux. Ce qui a accrédité que certains dieux avaient été des hommes, c'est que les *prêtres*, ou *prêtres-rois*, portaient le nom de la Divinité. *Prêtre, roi, devin, médecin,* étaient une seule et même fonction.

Les simples particuliers recevaient le nom de la Lune de leur naissance; plus tard, comme ils croyaient à de mauvaises influences lunaires, l'enfant ne reçut de nom qu'après sept Lunes, ce qui permettait de ne point le nommer dans la mauvaise semaine. Mais ce sont là des détails sur lesquels nous reviendrons ailleurs.

VI — LE NOM HOMME ET LES NOMS DES HOMMES, DES PEUPLES, DES ROIS

Le grand défaut de la langue primitive, c'est l'équivoque ; le même signe exprimant le noir et le blanc, le mal et le bien, on comprend avec quelle facilité les hommes ont pu se laisser aller à leur imagination et voir dans un mot toute autre chose que le sens simple. L'Orient a été le berceau des *jeux de mots;* si l'on peut appeler jeu ce qui pour les peuples avait quelque chose de prophétique. Le nom d'Abraham contient un jeu de mots, l'institution de la Pâque de Moïse en contient un dans le sens de *passage* donné à **phassa.**

L'étude du double sens des mots a passionné l'antiquité, créé l'idolâtrie et enfanté la cabale. Il faut croire que notre nature nous y porte, car nos petits enfants jouent sur les mots, et cela sans qu'on le leur enseigne, mais par l'exercice seul de leur intelligence sur les sons.

Si l'on analyse la plupart des noms qui expriment *homme* dans diverses langues, ce nom signifie *brun-noir,* et celui de la femme, *blanche;* de sorte que l'on pourrait croire que l'homme a été créé *brun* et la femme *blanche,* c'est-à-dire que l'être fort est plus foncé de couleur que l'être faible.

Nous n'exprimons ceci que sous toute réserve, pour ne pas tomber dans les fausses interprétations des anciens.

L'homme et la femme ne sont qu'un être en deux parties. Le nom de la femme, comme nous l'avons dit, n'est que le nom de l'homme auquel on a ajouté un petit signe, une syllabe avant: **wo-men,** ou après: **vir-go. Adam** égale **Kadam (Cadmus).** Ces mots signifient *brun* et *noir* en hébreu et en arabe; mais ils signifient aussi *premiers.* **Hom** signifie *noir* en hébreu; en espagnol, homme se dit **hombre.** Notre mot *sombre* n'est que deux noms de lune accolés : **soma** et **bera,** et ces deux noms signifient homme chacun à part; σωμα, en grec, *homme;* **vir,** en latin, **ber,** en teuton, *homme, baron;* de là **Gui-ber, Go-ber, Ful-ber, Ti-ber,** etc.

Eh bien, malgré ces rapprochements, il n'y a peut-être ici qu'une équivoque résultant du nom du premier jour de la lune *brune* et *blanche;* **çandra,** sanscrit, la lune cendrée; rapprochez encore de ce mot le grec **andros** (1), *homme.*

Chaque forme de la lune ayant servi à exprimer un attribut du Créateur, chaque peuple se mit sous le patronage d'une de ces formes; mais le nom de ces formes, identique pour le sens, ne l'est pas pour le son. Les *Hellènes* ne sont autres que ceux qui marchaient sous l'enseigne σελενη. Les *Mèdes,* sous l'enseigne de **Médée,** la demi-lune. **Alleman** et **Germain** sont deux mots identiques : αλα-μηνη, ιερα-μηνη, deux noms de Lune accolés.

Chaque homme, en naissant, recevait le nom de la Lune du jour; plus tard, on choisit les noms. Quand les Grecs traduisent **Philippos** par *qui aime les chevaux,* ils ne savent ce qu'ils disent; **Philopœmen, Philomen,** sont des noms de la lune à son premier jour. L'erreur des Grecs se rattache pourtant à quelque chose de vrai; c'est que le croissant est le *bidet* de Dieu,

_____

(1) C'est le génitif qui est le vrai nom en grec, le nominatif n'est qu'une forme souvent abrégée du nom.

le *porteur*, **pferd,** un *lumineux ferant* (vieux français) ; *cheval* veut dire *porteur ;* de là notre mot *chevalet,* tout objet qui sert à porter.

Les peuples, après avoir pris pour enseigne des formes lunaires, comme les Mahométans, qui placent le croissant sur leurs minarets, remplacèrent ces formes par les animaux à noms lunaires correspondants, comme le coq gaulois qui figure encore sur nos clochers. Les aigles des enseignes, les vautours, ne sont pas autre chose que le croissant lunaire symbolisé.

Quand on représenta les formes de la Lune par des figures humaines, il fallut les accompagner de phases lunaires ou d'animaux lunaires connus, sans quoi les figures humaines n'auraient pas eu de sens. Nous en demandons pardon à tous les mythologues anciens et modernes, mais nous sommes obligés de leur dire qu'ils n'ont jamais su ce que signifiaient les attributs de leurs prétendus dieux, car l'attribut c'était le dieu lui-même (le jour, la phase, Dieu, ont le même sens : **Deus** et **Dies** latins sont identiques). **Ta-go** et **Go-ta** signifient *jour et Dieu.*

Passons maintenant aux noms des rois :

Le premier qui fut roi fut un soldat heureux.

C'est là une grande erreur, car les mots nous montrent les premiers rois tirant leur nom de l'art divin et de l'art de guérir, d'instruire, conduire, en un mot, d'une science acquise ou héréditaire, plutôt que de la force brutale. Les premiers rois n'étaient que des chefs de famille. La séparation du titre de roi et de prêtre est relativement moderne ; les premiers rois portaient le nom de la Divinité ; voilà ce qui a fait croire que des hommes avaient été divinisés, et lorsque cette erreur fut devenue article de foi, on fit des apothéoses.

VII — LE CROISSANT

Le croissant, plus ou moins allongé, a servi de type à un grand nombre d'expressions.

Corona, en grec **koroniaó,** veut dire avoir la forme d'un croissant. **Kronos,** en grec *Saturne* ou le *temps,* n'est que le croissant, la *faux* lunaire dont le retour périodique servait aux premiers hommes pour mesurer le temps. **Koronos,** c'est *couronne, anneau, année, un cercle;* de même qu'en sanscrit, **ma,** *la lune,* **mas, mes,** en latin, le *mois,* est le type de toute mesure, **mesura,** en hébreu.

La lumière est le symbole de la *beauté,* et la lune le symbole de la *lumière.*

Les cornes lumineuses de la Lune furent un symbole de *divinité,* de *beauté,* de *puissance;* toutes les divinités égyptiennes portaient une forme lunaire (chacune d'elles n'étant qu'une phase de la lune).

De la lune **Bicornis,** nous avons fait **bi-gorne,** les Allemands **horn;** les Latins en avaient fait **ornare,** car la *couronne,* **gorne,** fut le premier ornement des hommes. Il ne faut pas perdre de vue que les premières parures, ornements, n'étaient que des objets de culte.

S'orner, c'est se coiffer d'une couronne; l'hébreu **keren**, *corne*, a tous ces sens, ainsi que le grec **karis** et **keras**. **Et cornu ejus exaltabitur in gloria;** on a compris, à peu près, ce mot **cornu** employé dans la Bible, mais la langue primitive seule explique le véritable sens du croissant lumineux de Moïse, et du fameux **roua eloim**, hébreu (1). Tout cela n'est que le signe lumineux du Créateur, son **sel, selass**, *lumière*, **sphra-gi**, le **gi** en cercle, **gui**, *le croissant*, **corona**, la *bague*, le nom de Dieu même, **Ba-Go** (slave et sanscrit, l'**a** russe se prononce presque toujours **o**), **Bogue** est le nom de Dieu en russe moderne.

Reprenons le même signe exprimé en grec par **kuklos**, *cercle, sicle, cycle*, **seculum**, *siècle*. Tout cela n'est qu'*Hercule*, en grec **éraklè**, en prononçant l'esprit rude comme c, *cercle*, croissant.

L'épithète d'Hercule, **triselenos**, indique que l'on entend par Hercule le croissant à sa troisième Lune. Les douze travaux d'Hercule ne sont que les douze Lunes qui forment la période circulaire de l'année. Hercule est aussi nommé **triesperos**, mot à mot, *le troisième soir*, **sere**, *croissant*.

Le *cercle* est aussi une réunion. Les hommes primitifs formaient un cercle sur la montagne pour y rendre, le premier jour de la Lune, leurs hommages à l'auteur de l'univers.

Ce *cercle* ou *cirque* servait aux délibérations de la tribu, comme à ses récréations, à ses festins.

Le grec dit **kirkos** ou **krikos**, absolument comme nos paysans disent *Cresancy* ou *Kersancy* (nom de village).

L'anglais dit **church**, *église*; l'allemand **kirche**. Nos paysans disent *cerque* pour cercle. L'**ekklesia** grec vient lui-même de **kuklos**. **Ek** pour **ke**.

Voici maintenant le même signe exprimé par *courbe*, en grec **gru**, c'est le petit croissant que nous nous coupons aux ongles; **grupos**, *crochu*, qui a le bec recourbé; c'est de là que tous les oiseaux de proie tirent leurs noms.

La classification primitive avait une grande simplicité de méthode conservée encore dans nos campagnes. La femme du paysan nomme toutes ses bêtes à cornes ses **aris** (la Lune cornue en égyptien), **aries**, en latin. Les Grecs nommaient les oiseaux de proie *les becs recourbés*.

VIII — JOURS DE LA SEMAINE ET MOIS

Les noms des jours de la semaine sont très intéressants à étudier, en y joignant l'analyse des noms de mois, on a l'histoire du culte et des mœurs primitifs.

(1) On ne peut pourtant pas affirmer que Moïse employait ce mot dans son sens primitif.

Français	Vieux français	Auvergnat	Breton	Basque
Dimanche		Gui minche	Di sul	I gande
Lundi	Di-lun	Gui luche	Di lun	Aste, lena
Mardi	Di-mars	Gui mar	Di mœurs	Aste arte
Mercredi	Di-mercre	Gui mecresse	Di mercher	Aste aizquena
Jeudi	Di-jou	Gui soche	Di ziou	Oste egu na
Vendredi	Di-venre	Gui binrisse	Di gwener	Oste ira la
Samedi	Di-sabte (1)	Gui chatisse	Di sadorne	Larumbata

Voilà cinq semaines françaises. La semaine basque offre quelques difficultés dans **igande**, *dimanche*, que nous pensons être **egu-anda**, la Lune à son premier jour; dans **la-rumo-bata**, *samedi*

Manea est la Lune faible qui manque, qu'on ne voit presque point. C'est l'opposé de **mani-fasta**, la Lune *fastueuse* dans toute sa plénitude, *manifeste*.

Français	Allemand	Anglais	Russe
Dimanche	**Sonne tag**	**Sun day**	**Voskrecenie**
Lundi	**Mon tag**	**Mon day**	**Panede lenique**
Mardi	**Diess tag**	**Tues day**	**Vtor nique**
Mercredi	**Mitt voch**	**Wednes day**	**Sereda**
Jeudi	**Donner tag**	**Thurs day**	**Tchetvertok**
Vendredi	**Frey tag**	**Fry day**	**Piat nitsa**
Samedi	**Sonna bend**	**Satur day**	**Soubbota**

Cine, sine, sune, kune, écrits par une dentale plus ou moins sifflante et dans toutes les langues (hébraïque comprise), signifient la Lune en petite pointe courbe, le premier jour qu'elle paraît.

Les Sabéens lui rendent un culte sous le nom **sin**. Notre dimanche n'est que le jour de **Di-mince, Gui-minche, Cyne-day**. L'idolâtrie transporta ce nom de la lune au soleil. La Lune, qui n'avait été que le calendrier, **kala-handa**, *la main blanche*, *indicatrice*, pour les premiers hommes, fut un peu abandonnée et reléguée au second rang. Le soleil ne fut pas un *calendrier*, mais Dieu lui-même.

Di-mènè-ca, do-min-go, espagnol, **do-mini-ca**, italien, sont égaux à **sun-day**, le jour de la Lune, **cyne**, et au basque : **egu-handa, iganda**, qui correspond' au **cala-anda** latin, c'est-à-dire le *premier jour de la Lune*. **Egu, eguna**, jour, lumière, en basque. Notre mot *aigu* ne tire son sens, comme *aiguilla*, que de la *pointe* du premier croissant.

Synodick, en anglais, veut dire *lunaire*; le synode était une assemblée lunaire. La préposition **sun** grecque est le pendant du **cum** latin, c'est la

(1) C'est l'hébreu SBT, qui ne signifie rien autre chose que sept, *la lune au septième jour*.

Lune encore en *virgule*, en **coma. Sunodos sélènès,** dit le grec, c'est le premier jour de la Lune, *les calendes.* **Shin-moon,** en anglais, *clair de Lune.* **Cyne, Syne,** Lucine, **luknos,** grec. **Manco,** italien, est aussi **mena-co,** la Lune petite. De là *manquer.* Au lieu de le dire, selon le sens primitif, du premier jour de la lune, les Italiens le disent du dernier jour : **mancanzo,** décours de la Lune, le manque de Lune.

Nous insistons sur ce mot du dimanche, dont certains écrivains veulent faire un nom tout chrétien, lorsqu'il ne l'est pas plus que *lundi,* le jour de la Lune. Tous les jours de la semaine sont des noms lunaires, les noms des sept premiers croissants.

En italien, **lunario,** c'est l'**almanaco,** le **mana-co,** le livre de **mana,** de la Lune (voyez *herciner* au Vocabulaire et **desinare**).

IX — NOMS DE MOIS ANCIENS ET MODERNES

Français		Breton	Anglo-saxon	Grec ancien
Janvier	Iana-vera	Gen-ver	Guili-monath	Gamélion
Février	Phœbé-vera	Choue-vrer	Sol-monath	Elafèbolion
Mars		Mœurs	Rhed-monath	Mounokion
Avril	Ap-vera	E'berel	Eostur-monath	Thargèlion
Mai		Maé	Tri milchi	Seiroforion
Juin	Iu-ènè	Even	Lida	Ecatombaion
Juillet		Gouere	Lida	Metageitrion
Août	οσσος-θε-ος	Eost	Weid-monath	Boèdromion
Septem-bre	Vera	Gwengolo	Haleg-monath	Maimactèrion
Octo-bre		Here	Wuynter fillyth	Puanépsios
Novem-bre		Du	Blot-monath	Anouèstèrion
Décem-bre		Kerzu	Guili-monath	Poséidéon

On voit que les Latins avaient quatre mois sans nom particulier, portant simplement le nom de septième, huitième, neuvième et dixième **bere,** *lune.* Le vieux mot italien **prima-vera,** *première lune,* était aussi le nom de mars ; **ari, ari-mana,** *le méchant,* **arima,** hébreu, *le serpent tentateur.* Les phases de la Lune étaient pour les hommes le calendrier du culte ; mais lorsque ces phases, leurs influences vraies ou supposées devinrent l'objet direct du culte, la Lune de chaque mois reçut un nom particulier exprimant soit son influence, soit la nature du culte qu'on lui rendait. De là les XII dieux des Grecs, et l'influence du nombre XII.

L'analyse du nom des mois est l'histoire des diverses superstitions des peuples. Trois, quatre, cinq, sept et douze ; mais surtout trois, sept et douze, ont toujours été des nombres sacrés respectés chez les Idolâtres, chez les Juifs et les Chrétiens. Les noms des mois ont varié chez tous les peuples.

Le culte lunaire primitif fut plus ou moins altéré, et certains mois reçurent leurs noms des usages particuliers de chaque peuple ; ainsi le mariage était contracté au premier jour de la Lune et prohibé en l'absence de la Lune. On voit qu'outre le premier jour du mois, les Grecs consacrèrent le premier mois de l'année au mariage, **gamélion,** expression qui ne signifie pas *janvier*.

La pleine Lune d'avril, **eostur** des Anglo-Saxons, l'**eost** breton, notre **aoust**, sont des vestiges des quatre principales fêtes ou Quatre-Temps de l'année.

Le mois de septembre saxon est le mois saint, **halga**, il correspond à un des Quatre-Temps.

Nous ne pouvons qu'indiquer ici que toute l'histoire du culte se trouve dans les noms des mois ; si plusieurs de ces noms paraissent se rattacher à des travaux des champs, c'est que tous les actes de la vie faisaient partie du culte.

X — TRANSPOSITION DES ÉLÉMENTS DANS DIVERSES EXPRESSIONS

Charles Nodier, dans son livre *Des Onomatopées*, dit : « Pour être bonne, il faut qu'une onomatopée ne soit pas trop ressemblante. » C'est là une loi qu'il établit prudemment pour démontrer qu'*agrafe* vient du bruit que fait l'objet pointu en déchirant.

Le *croissant* de la Lune est le type de tout ce qui accroche et retient ; c'est-à-dire d'une *pointe recourbée :* le bec du vautour, sa serre, la ronce, tous les objets, fabriqués de la main des hommes, *courbés* et *pointus, serrant, retenant,* portent un nom du croissant.

Guro, grec, *courbe*, **pha**, *lumineux*, accompagnés quelquefois de l'**a** augmentatif, expriment tous les objets capables de *saisir*.

Gripper, a-gripper, griffe, a-grafer, **graffa**, hébreu, **greiffen**, allemand, ont le même sens ; **gripeus**, grec, et **grups**, etc.

Cette expression est très importante à étudier, car c'est une de celles qui établissent le sens des éléments primitifs, contrairement à l'opinion de nos meilleurs linguistes, qui prétendent que les premiers éléments n'ont pas de sens positif (1).

Les mots **gu**, **pha**, **ra**, et leurs correspondants ont le même sens, alors même qu'on intervertit leur position dans la formation d'une expression (nous entendons par expression la réunion de plusieurs mots d'une syllabe concourant à représenter un objet ou une idée).

Gu-pa-ra est-il dans **ar-pa-go**, αρπαγη, άρπαξ, grec? Est-il dans **rapax**, latin? Le γρυπς grec est-il dans le *gripper, agripper* français? *Harpie,*

---

(1) « Les racines, au fond, ne sont ni verbales ni nominales ; sources communes d'où « découlent les noms, les verbes, les adjectifs, elles sont logiquement antérieures à « toutes ces formes. » (BURNOUF, *Grammaire sanscrite,* p. 41.)

harpon, sont-ils synonymes de *grappin*, attendu que **h** égale **g.** Le **g** disparaît dans **arripere**, latin. Le vieux français **harper**, *saisir*, *accrocher*, est le synonyme de *agrapper*, *agrafer*.

Que l'on veuille bien étudier ces expressions dans toutes les langues, soit qu'elles soient composées des éléments **gu-pa-ra** disposés dans tous les ordres possibles (il faut savoir ôter de certains mots l'augmentatif, ou quelque suffixe banal, s'il s'en trouve);

Soit qu'elles soient composées de **pa-ra** ou **ra-pa**, type de *prendre* et *ravir*, *rapt;*

Soit qu'elles expriment d'autre sens par filiation d'idées, comme *groupe*, mot qui signifie choses rassemblées, grappe;

On verra que *réunir des choses séparées, prendre, saisir, ravir, accrocher*, toutes ces nuances de la même idée reviennent à l'objet *courbe*, capable de retenir.

Pour exprimer l'esprit ou la femelle qui *conçoit*, l'homme n'a pu trouver que *retenir*, **cepe**, synonyme de **g·r·p**, mais représenté par d'autres sons. (Voyez **cepe**, page 47, et *chiper*, mot aussi français que copte.)

XI — LE SERPENT

C'est le mot le plus extraordinaire de la Langue primitive; il exprime le premier croissant lunaire et plusieurs idées qui s'y rattachent. Les plus singulières sont *espérer* et *tromper ;* de sorte que le nom du croissant, dans un grand nombre de langues (que les linguistes ne regardent pas de la même famille), signifie au moral *ruse* et *tromperie*, puis au physique *serpent*. Les instruments courbés portent le nom du croissant lunaire, c'est-à-dire les noms divers du serpent; exemples :

Serpè, italien, *serpent, serpe, croissant;* **drepani**, grec moderne, lisez **srépani**, *faucille;* **sherp**, anglais, *tromper*. La *trompe* de l'éléphant et notre mot *trompette* sont de véritables serpents, comme le serpent, instrument de musique.

Notre *faux* à moissonner, faucille, **falx**, répond bien à notre mot *fallacieux*, et *faux, trompeur*.

Le dieu **Hermès** est le croissant, car **her mès**, en hébreu, c'est la faucille; décomposez le mot, vous trouverez **heri (ari)**, puis **mes**, le croissant, le couteau lunaire, *le mois*, qu'il faut prononcer **mese**, comme les Italiens; **messis**, ce que l'on coupe chez les Latins, la moisson. **Mes** est partout le croissant lunaire, le type et l'image primitive de tout instrument courbe, arme, etc., fabriqué de la main des hommes.

On sait que *Guivre* est un serpent. Ce mot est composé de **gui**, *serpent*, et de **vere**, *croissant brillant*, qui n'est guère ici qu'un affixe, car **gui** seul veut dire serpent; en latin, **an-guis**, *serpent*, *anguille*.

Le mot *tromper* serait resté à jamais inexpliqué, comme tant d'autres, sans la découverte des lois fondamentales du langage ; **tor**, *tordre*, **tor-ompa**, *hampe*, **ompa**, **ampa**, en malgache, signifie *l'agent*. Le **Tor** du Nord n'est autre que le courbe croissant lunaire, symbole de ce qui agit ; c'est le suffixe avec lequel les Européens forment leurs noms actifs (1), tandis que les Malgaches placent **ompe** avant le mot ; ces deux signes d'action réunis font *tr-ompe*, qui signifie *deux fois courbe*, car au physique *trompe* veut dire **siphon**, siphon égale **typhon**, qui n'est pas autre chose qu'un serpent, c'est-à-dire un être ou un objet courbe. Ainsi, *trompe* est un nom du croissant, et, au moral, il signifie *fourberie*, comme tous les noms du croissant ou serpent lunaire.

L'effroi que les hommes ont eu de tout temps du serpent est un effet naturel qui n'a rien de commun avec l'idée universelle d'espérance, de tromperie, de ruse, sens entièrement opposés représentés par le mot serpent.

On comprend alors qu'il ne s'agit que du serpent lunaire, du croissant, et non de l'animal terrestre, dans la composition de ces mots.

Sin veut dire la Lune en croissant, en ceinture, **cine-tura.**

Sinus, en latin, *courbe ; insinuer*, *s'insinuer*, ressemble beaucoup à tromper ; **sinaï**, en malgache, *ruse, tromperie*. Le latin **bu-cinna**, *une trompette*, dans le sens physique, **buccina** est aussi le lever de la Lune nouvelle, le croissant.

Notre *doloire*, **dola-bera**, est une serpe ; le grec **doleros**, *tromperie, fourberie*, comme **dolos**, le latin **dolus**, est notre mot *dol, ruse*.

Nous venons d'expliquer l'influence pernicieuse du croissant ; son influence contraire donne les mêmes mots avec un sens entièrement opposé.

Le croissant, ou serpent lunaire, est le signe du bien et du mal ; l'art de connaître, par son aspect, ce qui arriverait d'heureux ou de malheureux est la première superstition où, d'après nos plus vieilles Écritures, la curiosité de la femme la poussa (2). Tous les mots sont empreints de l'idée du croissant *trompeur* et du croissant *bienfaisant.*

Le croissant était l'attente du peuple placé sur la montagne ; **ecce! zé, idé, idou, vide! ve-ci!** etc., criait le premier qui apercevait le croissant.

---

(1) *Tor, dor, teur, der, ter, tre, tri*, forment les noms d'agent dans la plus grande partie des langues.

(2) Est-ce à cause de sa faiblesse ? Nous l'ignorons ; mais la divination, la superstition fut surtout l'œuvre de la femme. La Bible la montre souvent les *therapim* (**serapi**, croissants divinatoires) en main pour connaître l'avenir et offrant des gâteaux lunaires. La jeune villageoise de nos jours pèle sa pomme en *spirales*, jette ces spirales par derrière sa tête et regarde ensuite si elles n'ont pas formé la lettre désirée. N'en déplaise à l'historien Josèphe, mais Rachel en faisait autant, en cachette de Jacob, avec les therapim de Laban, son père.

Espérer, **sepe; helpis**, *espoir*, en copte, **elpis**, en grec, *espérance*, correspondent au primitif **erpe**, *le serpent*, le croissant, attendu avec impatience.

Ici encore, on comprend qu'il ne s'agit pas d'un *reptile*, ερπετος, qui ne tient ce nom que de sa forme courbe, mais de la courbe lumineuse, **gu-ida**, μνη, μνημο-συνή, **mènèmo-cyne**, placée par le Créateur pour *guider* l'homme, le *mener* et le *faire ressouvenir*.

Ces trois derniers mots sont aussi bien grecs que ltains, que sanscrits ou hébreux; l'écriture et la désinence seules les font un peu différer.

Un Anglais linguiste et mathématicien a dit que *trois* mots semblables prouvent assurément une certaine communauté entre deux peuples différents. Des raisonneurs moins faciles en veulent au moins *vingt*.

Nous pensons qu'il n'en faut qu'*un* pour établir l'origine de deux peuples, à condition que ce mot aura des sens divers, et émanant, chez les deux peuples, de la même idée. Tel est le mot **guille**, européen, et le mot **quilla**, *la Lune* des Péruviens.

Mama-quilla, disaient les Péruviens, c'est *la mère du monde*, la Lune.

Isis, disaient les Egyptiens, est *la mère du monde,* c'est-à-dire la Lune.

Cybèle, disaient les Grecs, est *la mère du monde*, c'est-à-dire la Lune.

Quilla est le principe, le croissant lunaire; aussi le vieux français dit **guille**, *fourberie,* **guilleor**, *trompeur.* Nous voici revenus au serpent lunaire, à la faux. Le breton dit **gwilc'ha**, *faucher.* Les mots **illa, hilla**, latin, signifient quelque chose de sinueux, *an-guille.* La *quille* du vaisseau est un croissant ⌣. Le **quie** de **quietus**, de **tran-quillus**, indique la Lune bienfaisante.

A-guilla neu, la première Lune, la nouvelle Lune de l'année. Le **guilli-monath** (mois de janvier), l'époque du **gui** sacré; de là un mot du patois **glimognat**, tout ce qui est visqueux; notre mot *gui-mauve* est vieux comme le monde druidique: c'était le **gui** vulgaire, et l'autre le **gui** sacré (voir les ridicules étymologies de Guimauve dans Ménage). **A-quilla**, latin, *aigle,* **E-gile**, est le croissant lunaire, à cause de son bec recourbé. *Aquillée,* la ville qui symbolise le croissant par un aigle.

Aigle, c'est le synonyme du grec **grups.** Nous avons le même sens en français dans le mot *aquilin.* L'aigle n'a été ainsi nommé que de son bec en croissant, c'est la simple et primitive classification; aussi l'aigle, comme signe alphabétique, n'est ni un D ni un O; il est, parmi les oiseaux, ce que le bœuf, **bicornis**, est parmi les **ari** cornus; il correspond à l'**alpha**, au croissant du premier jour.

Une troisième signification du mot **serepe, serapi**, démontre que les premiers hommes n'étaient pas *sélénolatres,* car le mot **serapi**, croissant, veut dire serviteur, c'est le grec **therapeuo**, *servir;* ce sont nos vieux mots français **serf, serv**, qui ont formé *servir,* et qui ne sont autre chose

que le grec qu'il faut lire **serapeuo**, le dieu égyptien **serapi**, c'est-à-
dire le croissant qui obéit à la loi que le Créateur lui a imposée pour servir de
régulateur aux hommes et de *mné-mon-ique ;* remarquez que ce dernier mot
ne se compose que de deux noms de Lune accolés : **mènè** et **mon.**

XII — VERBE FORMÉ DU NOM ET NOM FORMÉ DU VERBE

Un objet quelconque ayant reçu un nom, la mise en action de cet objet est
un verbe, et le fait produit est une autre espèce de nom dérivant du verbe :
coupoir forme le verbe *couper*, et *coupure* dérive de *couper* qui est l'acte,
le verbe, de **coupoir.**

Le passif n'est pas véritablement un verbe, c'est un adjectif déterminé par
une question de temps.

Voici plusieurs noms qui forment des verbes d'une manière que tout le
monde peut comprendre, tandis que nous ne comprenons pas les verbes *voir,
re-garder*, tout simplement parce que les noms **ve**, *œil*, **garde**, *œil*, nous
sont inconnus. Nous comprendrions mieux *œillader*, regarder, **œiller**,
mot qui devrait encore être usité, puisque son formateur *œil* est le seul mot
employé, et que son dérivé *œillade* est en usage.

Exemples de noms formant des verbes

Flagellum		*Flageller*	
Bâton		*Battre*	
Verber	Fouet	*Frapper*	**Vera-bera**
Tanga	Main	*Tancer*	**Tangere**
Trique		*Triquer*	
Giff	Main	*Giffer*	**Gif negif**, hébreu, *battre*
Cingulum		*Cingler*	Sangle, lanière
Pate	Main	*Taper*	**Patasso**, grec, *frapper*
Verge		**Vergare**	*Virgule*, **virgo**
Schlage		**Schlagen**	*Verge*, en allemand
Fouek	Fouet	**Fouek ano**	*Je te battrai*, malgache

Tous ces noms sont lunaires, mais la Lune ne *frappe* pas et ne peut exprimer cette action. Assurément ; aussi tous ces noms ne sont que des objets,
depuis le filiforme jusqu'à la rondeur de la paume de la main, et l'action de ces
objets : la Lune n'est plus ici que pour la forme. Qu'on nous pardonne ce jeu
de mots, qui explique que les noms lunaires arrivent, de degré en degré, à exprimer des idées qui n'ont plus aucun rapport avec leur type primitif, la Lune.

XIII — RADICAUX DIVERS DE SONS, IDENTIQUES DE SENS

Les peuples ne se sont pas servis des mêmes radicaux pour former leurs
mots; mais voici un fait qui mérite une grande attention : c'est qu'un radical
identique concourt à la formation des mots correspondants dans beaucoup de
langues.

	Grec et hébreu	Copte	Madécass	Latin	Grec
Un	Ia	Ov-a	Ta-loha	Ver	Al-pha
Splendeur	Ia-pha	Ov-ain	Ta-ng	Vere cumde	Al-os
Main	Ia-min	Ov-nam	Ta-ng	Bra-chia	Ol-énè
Médicament	Ia-ma	Ov-odj	Ta-hi	Vir-tus (1)	Al-tha
Se réjouir	Ia-bal	Ov-nof		Fer-ia	Ale-gria
Verdure	Ia-rek	Ov-ok	Ta-vi	Vir-idis	Al-óta
Prêtre	Ie-reus	Ov-èd		Vera-tor	Al-ètor
Sacré	Ie-ros	Ov-ab	Ta-hé	Ver-endus	Al-éthès
Adorer	Ie-ro	Ov-ocht	Ta-ha	Vere-re	Al-óa
Sauveur	Ie-sous	Ov-djai		So-vrano	Al-thèeis

On voit que les radicaux **ia**, **ie**, **ov**, **ta**, **ver**, **al**, **ol**, ont formé des mots identiques dans des langues fort diverses ; pour avoir formé ces mots, il faut donc, qu'en principe, ces radicaux aient un même sens, quoique de son et de signe différents. Ces radicaux ne sont que les noms du croissant, c'est-à-dire les diverses *idées* exprimées par ce signe (comparez avec la démonstration II).

XIV — OSCILLATION DE LA PLEINE LUNE

Rappelons-nous que les lettres d'un même organe représentent des sens identiques.

En hébreu, **phassa** a deux sens moraux contraires : *délivrer, faire périr*, plusieurs significations physiques : *osciller, sautiller, balancer* et *submerger.*

Phassa par un samech *délivrer, se répandre, boiter*
Phassa par un tsadé *délivrer et rompre*
Phassa par un sin *briser, se répandre, le sacrifice expiatoire*
Phassa par un zaïn *bouillonner comme l'eau et se répandre*

Voilà donc quatre sifflantes qui n'en sont qu'une, puisqu'elles expriment le même sens. C'est le **phase** de saint Jérôme, mot par lequel il a traduit la *pâque* de Moïse, mot si singulièrement et si contradictoirement lu par les hébraïsants. Ce mot répond au grec **passa**, *tout entière*, et à **phasis**, la *pleine* Lune, la Lune *face*.

Voici les mêmes idées exprimées en hébreu par d'autres éléments :

Sole par un sin *tout entier*, comme le grec, **solos**, **olos**
Sole par un samech *enlever, soulever*
Solela par un tsadé *gâteau de forme ronde*
Solela par un tsadé *être submergés comme les Egyptiens dans la mer Rouge*
Sole par un tsadé *se répandre, fluer, envahir*

---

(1) Ce sens se retrouve, en français, dans *vertu* des plantes.

Ces cinq mots correspondent exactement, pour le sens, au mot **phassa ;** ils en ont toutes les significations (1).

Que l'on rapproche maintenant **phassa** de **vasta,** *grand,* **vastare,** *in-fester, dé-vaster ;*

Que l'on rapproche **sole,** hébreu, des mots grecs **solos,** *tout entier,* **solos,** *disque,* **tho lo ô** (**th** anglais et grec), *troubler, agiter,* **olos,** *tout* et *pernicieux,* **olu,mi,** *enlever* et *faire périr :*

On reconnaîtra que la pleine Lune et sa rondeur expriment le *soulèvement des flots,* la *submersion* et la *dévastation ;* mais cette forme exprime aussi *délivrance,* et par ces diverses comparaisons, on comprendra le pourquoi du sens des mots latins suivants :

Solare, *détruire, désoler ;*

Solari, *consoler ;*

Solvere, *soulever* et *sauver ;*

Solator, *qui détruit tout* et *qui console.*

La pleine Lune est donc un jour de douleur, de prière et de joie.

Sole-mènè, *la grande fête,* c'est-à-dire la Lune pleine, ronde.

Sollicita maria, *les mers ébranlées.*

Sollicitare, *implorer* les dieux, *solliciter,* en français, *secourir.*

Festa, fasta, sont l'expression de la joie, mais ils sont aussi l'expression de la *pénitence ;* **fasten,** le jeûne, en allemand.

Voici d'autres mots se rattachant à la même idée :

Le mot latin **oscillum** éclaire tout ce que nous venons d'exposer ; c'est une *hostie* (2) de la forme de la pleine Lune faite en pâte, en cire ou autre matière, et offerte aux dieux pour les apaiser (οσια, *expiation*).

Le mot italien **luni-stitio,** *pleine Lune,* n'est-il pas le **sole-stitio ?** car **sole** est le nom de la Lune. Plus tard, on disait : la Lune est la mère des dieux, elle a formé le soleil.

Les **Taureaupolies** (3) étaient des fêtes expiatoires en l'honneur de la pleine Lune. Les Grecs, qui, plus qu'aucun peuple, avaient, par mille fictions, altéré le culte primitif, en étaient arrivés à ne plus comprendre le sens de leurs cérémonies.

(1) Soûleur, *épouvante,* soulas, *joie, se saoûler.* La Pâque universelle, en commémoration du déluge, se composait du jeûne, de l'expiation, suivis de festins et de chants de joie. Elle se célébrait au clair de la pleine Lune.

(2) **Ossos,** *œil ;* **eos-toura,** *œil rond, pleine Lune ;* de là la fameuse fête des peuples du Nord, **eos-tour,** nom qui fut donné à la fête de Pâques après l'introduction du christianisme.

(3) Tauro-polos, en grec, c'est le nom de la Lune Diane.

Les Latins eurent le mot **turbula** sans le comprendre; c'était, dans Plaute, l'épithète de la mer. **Turbo,** c'est le *fléau*, c'est l'ouragan, le *déluge*, c'est la confusion des éléments. Nous en avons fait *troubler, tourbillon*. Le grec, aussi illogique que nous dans son orthographe, écrivait **thorubéo**, *troubler*, et ce mot si curieux à étudier, **tropè**, *ouragan, solstice, équinoxe*.

Les mots *tribulation*, **tremolare,** italien, *trépidation, trembler*, tirent leurs sens du grand désastre diluvien.

XV — CULTE EXPIATOIRE, DÉLUGE

Lu, lu-be, lu-be-ra, sont trois mots identiques qui signifient *la Lune*, absolument comme **lu, lumi,** *lumière* (le mot **leum,** *lumière*, se retrouve jusque chez les Patagons).

Lubera, libra, c'est la Lune qui *balance, dé-libère* au moral, enfin *livre* et *délivre;* **deluber,** c'est le temple de la Divinité. D'abord, ce n'était que le moment où il fallait implorer la Divinité. Tout lieu désigné était alors le temple; c'était ordinairement un chêne au milieu d'un espace circulaire sur une éminence.

La nouvelle Lune et son influence sur les mers en ont fait une commémoration du déluge, comme la Lune du quatorzième jour. En grec, **lugè,** *perte et douleur, déluge* (1).

Souvenons-nous que **ru** égale **lu;** de là, en grec, **luo,** *détruire, ruiner, délier, délivrer*, **louo,** *laver,* **ruo,** *couler, faire périr, submerger*, et *sauver, délivrer*.

Les fêtes grecques nommées *Délies* étaient un souvenir du déluge, du ravage. La marée se fait peu sentir dans la Méditerranée, ce n'était donc pas une fête locale.

Voici d'autres mots qui ont rapport à cette fête de la nouvelle Lune :

Dé, craindre;

Dè-los, ravage, destruction;

Dè lia, les fêtes d'Apollon dans lesquelles on pardonnait, où nul homme n'était ni condamné ni mis à mort. C'est le **deli-ver,** le jour qui *délivre*, C'était aussi une coutume juive.

Que l'on étudie tous les noms de la nouvelle et de la pleine Lune, on retrouvera toujours les idées que nous avons exprimées et indiquées par quelques exemples. Le mot *déluge*, **D-l-g,** en hébreu, signifie *sautiller, balancer, jaillir;* c'est le synonyme de *Pâques*.

---

(1) En latin, lugeo, *se désoler;* grec lugros, lugere, *fâcheux, pernicieux;* le latin, delus, *laver,* fulgeo, *briller d'un vif éclat;* le grec, flogè, de folo-gu, sont des noms de la Lune : le, gè, gu, fol, foule, *pleine, à son comble*, polus, bolus, full.

Ari-themi-passa, mot à mot : *croissant-demi-Lune-pleine Lune,*
était une fête des Scythes ; **Artimpassa,** qu'ils célébraient à minuit le
jour de la pleine Lune. Dans toutes ces fêtes, des hommes étaient immolés
pour apaiser la Divinité. Les Latins substituèrent aux hommes des (οσια)
oscilles.

Strabon raconte que les Celtibériens célébraient la nuit de la pleine Lune,
panselenè. S'il eut compris le sens des fêtes de sa patrie, il eût vu que la
plus vieille fête des Grecs était la **pan-hélénie, pan-sélénie,** la fête de
la pleine Lune ; **pass, passa, pane,** c'est la pleine Lune, ce qui est tout
entier, *face,* **fassa, fana.** De là, les **fanatici,** prêtres romains de la
pleine Lune, et **fania,** les fêtes que l'on célébrait en son honneur à Rome,
et dont la signification était déjà perdue. Ces fêtes *paniques* étaient primitivement expiatoires, et les peuples les célébraient dans une terreur toujours
suivie de réjouissances **(médianoche).**

De là, les terreurs *paniques* dont le sens primitif est resté inconnu aux
Grecs et aux Latins.

XVI — ÉCRITURES ET LANGUE DE L'ÉGYPTE

Si l'on étudie la langue et les écritures de l'Égypte à l'aide de nos éléments,
on voit que cette langue n'est pas plus vieille que l'hébreu ou le fond du
langage européen.

Quand même les pyramides et les tombeaux qu'elles renferment ne seraient
pas là pour le montrer, on reconnaît bien vite que l'art de graver sur la pierre
n'a pas toujours existé chez les Egyptiens. Leurs hiéroglyphes ne sont
qu'une application particulière sur la pierre de la manière générale de représenter les faits passés ou les choses à venir par des signes lunaires, géométriques, ou par les animaux, les plantes, les objets à forme et à noms lunaires.
C'était là l'écriture des druides et du monde entier, mais plus ou moins déve-
loppée chez tel ou tel peuple.

Les prêtres égyptiens étaient déjà loin du culte primitif; cependant on doit
reconnaître qu'ils conservèrent, dans leur écriture, quelques signes lunaires
non altérés. Ces signes étaient la plus simple étude. Venait ensuite l'étude des
plantes et des animaux à formes lunaires, et enfin l'étude du sens symbolique
de plusieurs de ces signes.

L'erreur la plus curieuse des modernes, c'est de croire que notre écriture
simple est née des hiéroglyphes et de ne pas tenir compte des historiens qui
disent le contraire (1).

Il est fort à craindre que tous nos égyptologues ne se ressentent, à leur insu,
du goût des prêtres égyptiens, en donnant à des *rébus* qui n'ont réellement
qu'une valeur décorative une importance qu'ils n'ont jamais eue.

---

(1) Saint Clément d'Alexandrie, *Mélanges,* livre V.

Les hiéroglyphes de l'Egypte sont tout aussi propres à reproduire du français que du copte. Nous venons de dire que c'étaient des rébus de Picardie, plus compliqués pourtant, car en rébus de Picardie, le nom de notre immortel Champollion se rendrait par un *champ*, un *pot*, un *lion*. Nos enfants s'amusent à écrire cette phrase : *Hélène a été au pays grec, elle y a vécu, elle y est décédée*, par ces lettres : L N A E T O P Y, L I A V Q, L I E D C D. Nous en demandons pardon à la science moderne, mais les prétendus mystères de l'Egypte ne s'élevèrent pas beaucoup au-dessus de ces enfantillages.

Le symbolisme mystique était devenu un véritable jargon, car n'ayant eu primitivement pour base que les phases de la Lune, il les confondait avec le soleil, qu'il nomme **phré**, et **phri**, le nom de la Lune.

Otez le mysticisme, qui donnait d'autant plus de latitude à l'imagination qu'il était plus ténébreux, vous reconnaîtrez que la science de l'Egypte n'était même pas à la hauteur de nos cryptographies modernes, de nos dactiologies et de nos sténographies diverses.

Aussi, Champollion, qui n'était pas un charlatan, s'aperçut qu'il n'avait rien découvert sur les origines égyptiennes, rien qu'une manière particulière de raconter les faits par des dessins de convention. Il s'est trompé en croyant l'écriture dérivée des hiéroglyphes égyptiens ; elle n'en a pas plus été formée que notre écriture française des signes employés dans les blasons de nos ancètres.

Il a fallu une persévérante analyse à M. Champollion pour découvrir la clef des chiffres égyptiens ; malheureusement, ce que l'on peut déchiffrer avec cette clef a bien peu de valeur, n'est pas primitif, se trouve, dans bien des cas, d'une allégorie aussi fausse que celles du poète Homère, et ne montre l'origine de rien.

Le mysticisme égyptien est le pendant du poétisme grec Ce sont deux altérations de la simple raison qui guidait les premiers hommes dans l'adoration d'un Créateur qui se révèle à l'esprit, et dont les œuvres impressionnent fortement les sens de l'homme, s'ils ne sont pas abrutis par une cause quelconque.

Quant à la langue d'Egypte, elle n'a pas d'autres éléments que l'italien, que le grec, etc. ; elle forme des verbes de ses noms, non-seulement à la manière des Allemands, mais encore avec les mêmes particules verbifiantes de certains verbes allemands et français.

Copte				Allemand			
Metre	témoin	Er-metre	témoigner	Bitte	prière	Er-beten	prier
Nobi	péché	Er-nobi	pécher			Er-flehen	fléchir
Ouro	roi	Er-ouro	régner	Freude	joie	Er-freuen	ré-jouir
Ovo	réponse	Er-ovo	répondre	Ganz	tout	Er-ganzen	compléter
Kaki	ténèbres	Er-kaki	s'assombrir	Griff	griffe	Er-greiffen	saisir
Hob	ouvrage	Er-hob	opérer	Mangel	manque	Er-mangeln	manquer
Kalé	boiteux	Er-kalé	boiter	Man	homme	Er-mannen	faire l'homme
Hebi	pleurs	Er-hebi	pleurer	Richtig	droit	Er-richten	er-riger
Karabai	tonnerre	Er-karabai	tonner	(Capio)		Er-kappen	prendre

Comment se fait-il que cette langue qui, dit-on, ne ressemble à nulle autre, procède comme l'allemand, et même comme le français? car les **re, er,** français, placés après un nom, le constituent en verbe à l'infinitif, et plusieurs vieux noms français ont été verbifiés en leur antéposant, comme le copte, **er** ou **re :** **er-***garder,* en patois, pour **re-***garder,* **re-***douter,* **re-***mercier* (faire merci); **re** exprime, dit-on, retour, mais ce n'est pas dans ces verbes, ni dans tant d'autres, comme *re-muer, ré-primander, ré-fléchir, re-specter, ré-jouir,* etc., etc.

Le mot **chep,** *prendre, recevoir,* n'est-il pas le **cepi,** *j'ai pris,* des Latins? n'est-ce pas notre verbe *chipper,* ce que l'on prend, et notre vieux mot *chep-vance,* ce que l'on reçoit de ses pères, héritage; *déception,* ne pas recevoir ce que l'on comptait recevoir? Voici un nom formé du verbe : *re-cepte,* la *re-chepte,* dit l'auvergnat; *percepteur.*

Le mot **krome,** *le feu,* n'a pas besoin d'explication, c'est le *jaune,* le *fauve,* le *roux;* tous noms de la Lune, qui varie dans ses phases et ses couleurs. On connaît la Lune *rousse.*

Kop, *cacher,* c'est notre mot *couver;* l'anglais **cop,** l'italien **coppo, coperto,** ce qui est caché, *couvert,* ce qui couvre, une *cape.*

Tate, *la main, tâter,* **tastare,** avec un élément de plus, **sa,** comme dans le latin **tactus.**

Re, *roi,* c'est le **re** italien; c'est la *raie* lunaire (1), **ra-ia, ia-ra,** le signe de ce qui marche en tête; **phe-ré,** la *raie* lumineuse, le croissant, et pas du tout le soleil; **puti-phar, pété-phré,** c'est le prêtre lunaire, c'est le *moni-teur.*

Themi et **meté, meti** sont des mots égyptiens, ce sont les types universels exprimant la *justice,* le *juste milieu,* comme notre **semi, demi** et notre **mita,** vieux français, signifient la *moitié;* c'est la Lune au septième jour, signe et forme du *demi,* comme mesure; du *médiateur,* du *Messie,* du *re-mède,* au moral; *Messie* ne veut pas dire *envoyé,* mais, selon la Langue primitive, celui qui est *interposé* entre le bien et le mal, μεσος. **Themis** (lisez **demi**) et **Messie** sont le même mot, que chaque peuple a interprété selon son goût; l'analyse le ramène au septième jour de la Lune, à sa forme *de-mi,* à son influence, *repos, arrêt, juste milieu, douceur,* le calme de la marée au moment de la *demi*-Lune; **mitis,** latin.

(1) **Ia, io,** en copte, la Lune ; en hébreu, **ia-ra,** la Lune, le mois. Nous avons vu qu'en anglais, en allemand, **yar, iahr,** c'est un an.

VOCABULAIRE DE QUELQUES MOTS PRIMITIFS

(Ce Vocabulaire n'est qu'une suite de petites démonstrations qu'il faut nécessairement étudier)

Pour bien comprendre ce vocabulaire, il ne faut pas perdre de vue que le même mot, formé du même signe lunaire, a plusieurs significations : ainsi, **bala** veut dire *blanc, jeune fille, balancer ;* que la couleur de la Lune soit le type du blanc, cela ne répugne pas à la raison ; mais que la Lune **bala** soit **libra, lu-bera,** *balance,* ceci semble être quelque coïncidence fortuite.

Filè, grec, *aimer ;* en français, *aller, filer,* puis un *fil,* un *petit,* une *fille.* Remarquez bien que l'on dit un *petit,* un *jeune,* pour un *enfant,* et que le grec **bréfos,** *enfant,* correspond singulièrement à notre mot *bref, petit.*

C'est ainsi que tout le langage humain, qui paraît composé d'une immensité d'expressions, se rattache à quelques simples idées dont nous avons oublié l'orthographe, le signe, pour ne parler qu'un langage de mode.

VOCABULAIRE

A, *posséder, prendre, avoir;* **j-A-i** n'est qu'un **A** entre deux pronoms, comme **tu-A-s,** puisque **s** initiale de **Su, Tu,** est le pronom final de la seconde personne. **J'A-ra-i,** au futur, est aussi facile à analyser. **J'A-v-a-i-s** contient six éléments réunis pour exprimer une possession qui n'est plus (le verbe n'est qu'un accident du nom). Voici l'analyse des six éléments de *j'avais :* 1° **Je,** pronom; 2° **A,** signe ou nom de la possession; 3° **V,** lettre euphonique; 4° **A,** un signe du passé français; 5° **I,** pronom terminal; 6° **S,** superfétation toute moderne, inexplicable, puisque cette lettre **s** est le signe de la seconde personne; c'est, on le croit, une introduction par les poëtes pour éviter l'hiatus : *je suis,* pour *je su-i.* Le radical **A** de *avoir* n'est que l'extension de **E** et passe au son plein **O** sans changer de sens. L'espagnol, l'italien disent **ho,** *j'ai;* le latin **ha-B-e** montre qu'il a pris **B** pour euphonique au lieu de **V;** ce sont, du reste, deux nuances du même organe.

AIGLE, *aigu, aiguille,* sont la pointe courbe du premier jour de la Lune; **guia,** *aiguille,* en italien, leur est identique.

ALA, *aile, bras,* les deux bras de la Lune; le grec **leukolenos hèrè,** *Junon aux bras blancs,* n'est que le croissant lunaire.

ALEPH, **alpha, alo-pha,** le *croissant,* ses deux cornes brillantes, symbolisées par le *bœuf,* la *vache,* et tous les **ari** à deux cornes plus ou moins en croissant. **Alphos,** grec, *blanc, brillant.*

ALOSUNÈ, grec, *folie,* c'est-à-dire influence pernicieuse du croissant, **alo-cyne;** nous en avons fait *halluciné. Folie* est l'influence de **fol, bol,** la pleine Lune.

AMA égale **ma,** le principe créateur, producteur, symbolisé chez les premiers hommes par la nature féminine. Le sang est le principe de la vie; qu'il s'échappe des veines, l'animal meurt. **Aima,** grec, *sang;* **amare,** *aimer,* **ami, émi,** est une autre acception, c'est l'influence lunaire, crue générale sur toute l'économie de la vie animale et végétale par les premiers hommes,

AMPA, *tige, verge courbe,* αμφι, αμπελος, *vigne, bois tortu.*

ANDA, *main,* **hand,** allemand; *marche.*

ANNA, *anneau, cercle;* **serpente,** italien, croissant représenté par le serpent qui se mord la queue : *année.*

ANSA, *anse,* col de cygne, d'oie, croissant.

ARI, la Lune cornue, **aries,** *bélier;* le mot grec **arké** signifie *principe,* parce que *un,* **uno,** la première forme lunaire, est le type de ce qui est le premier; comme forme, c'est notre mot *arc,* un objet courbe)·

ARI-MA, le dieu du combat; **ari-mana,** idem; **ma-ari,** et par contraclion **mari,** *méchant;* **mariti, martis,** *Mars,* dont le nom grec est tout simplement **ari** (αρης). Toutes ces expressions ne sont que le croissant. Tout ce qui lui ressemble de forme est une arme : **ari-ma,** le bras, qui se plie, est une arme; **arm,** *bras,* anglais et allemand.

ARI-KI (αρχη) est le croissant guide, celui qui va le premier; de là les mots : ARIQUIS, *prêtres* malais. — MA-ARCHIS, *anges* serviteurs de Manou. — ARI-TIR, grec, les *prêtres.* — ARK, *premier :* archange, premier ange. — HARICOT, **ari-go,** c'est un croissant blanc; **argo,** *ergot,* c'est un croissant de seigle, ou l'arme de la patte du coq, petit os *arqué.*

ARGO, vaisseau; tout vaisseau antique avait la forme d'un croissant renversé, *barque,* **ba-ari-ca,** ⌣. Laissons le sens de la forme; voici celui de la couleur : **argos,** grec, *brillant,* **arguros,** de l'argent (métal symbolique de la Lune).

ARI-CO-TEU-O (αρκτευω), consacrer une jeune fille à la Lune (Diane).

BALA, la nouvelle Lune, signifie *balancer, danser, baler, sauter, boiter; baler* de l'aile se dit d'un oiseau qui vole mal, libration du croissant.

BERE-CYNTHIE, nom de la Lune, Cybèle; **bere-cynthie,** nom de Diane, la Lune. **Thi-os, thei-a,** grec, *divin.*

BÉLIER est peut-être le symbole de *bel,* c'est-à-dire le croissant à deux cornes; on peut objecter l'onomatopée *bêler.* Si bélier est une onomatopée en français, il ne l'est pas en grec : **kri-os,** *bélier;* ni en latin : **ari-es. Kri** et **ari** sont bien le croissant. Mais ce qui prouve qu'une langue nomme un animal par onomatopée, et une autre langue par convention, c'est que **mêlon,** grec, *brebis,* est une onomatopée, tandis que notre mot *brebis* n'en est pas une, ni le latin **ovis,** ni l'allemand **schaf,** ni l'hébreu **rakel** (Rachel), *brebis.*

BENDIS, Vénus, *croissant, cercle, ceinture,* **bande** *circulaire.*

BO, **ba, vo, va,** c'est le croissant et sa marche, type de tous les mouvements : *monter, traverser, descendre, balancer.* **Bolan-bau,** le *croissant,* en madécass. Quand nous disons *je vais,* le nom *va,* est modifié par le second pronom *i* et par l's; le patois, qui dit je **vo,** est plus primitif. Le grec disait **va-o,** Βα-ω; l'hébreu **bo** devait avoir la même prononciation, puisque la plupart des langues se servent encore du B pour exprimer le son français du V. Le croissant **ba,** déterminé par **sela,** *brillant,* fait *ba-celle, jeune fille,* puis *vaciller,* comme le sanscrit **bala,** *jeune fille,* fait *balancer, sauter* (parce que les jeunes filles aiment à danser, dirait un étymologiste), telles sont les interprétations faciles de quelques-uns de nos savants; il faut les quitter pour en chercher de moins poétiques et de plus certaines. **Libra,** c'est le croissant qui *vacille,* c'est **lubera,** le croissant qui *brille,* c'est **sele-bera,** le croissant qui apparaît; de là *célébrer,* exercer le culte, et le latin **celeber,** formé de **celes,** *croissant, bateau* ⌣, **ber,** brillant; ce mot est le pendant de *solemnel* (**solemnis**).

Liberi signifiait aussi *des enfants*. **Ber** veut dire aussi un *fil*, un **berin**, un *brin;* c'est de même que **seles** veut dire brillant, s'il s'agit de la couleur, et *sele, en-selé* ⌣, s'il exprime la forme; puis *rapide, célé-rité,* s'il exprime le mouvement.

BO, *bois,* l'arbre, c'est-à-dire ce qui croît en se bifurquant, a reçu son nom du croissant, **ari-bera. Bo-ma** est le nom de tout *arbre;* allemand, **baum.** Le mot grec **drus**, *chêne, bois,* n'est que **doru,** *bois;* voyez **dru-ida,** le croissant lunaire, au mot *druides.*

BOGO, le *dieu* russe; **bouc**, *chèvre;* **bouk,** *livre,* en allemand, tirent leur nom du croissant, **go** joint à **bo.** Le croissant est un cercle : **bago, vago,** une *bague,* une *vague.* **Liber,** *livre,* a pour type le mot qui a fait *libration,* le croissant. *Chèvre* et **sepher**, hébreu, *livre,* sont le même mot (le croissant à deux cornes fut le premier livre des hommes). Pour saisir ces rapprochements, qui pourraient paraître plus ingénieux que vrais, comparons l'**al-mana-co**, le **lunario** (*almanach* en italien). Tandis que la Lune décrivait sur la grande page bleue du ciel les lettres d'or et d'argent, signes sur lesquels se guidaient les premiers hommes; les prophètes reproduisaient ces signes sur l'écorce, **liber,** qui prenait son nom du *livre* et ne le donnait pas au livre ; car le *livre,* c'est **lu-bera,** c'est le signe représenté au **delubrum,** *temple ; livrer, délivrer, liberté,* tous ces mots viennent du même signe avec des sens différents.

BO-VE, le *bœuf,* est synonyme de *bouc,* ainsi que de tous les animaux à deux cornes.

BRIN est le **bere-no**, c'est-à-dire le croissant du premier jour, type du *petit,* **hillùm,** latin, un *fil,* **hilo,** espagnol, *un petit brin, un brin de fil,* traduit en langue primitive, ne signifie qu'un *petit de petit, un mince de mince.* Aussi, *brin,* en langage vulgaire, signifie *peu :* un *brin* d'amour. L'usage qui dit un gros *brin* est faux ; *brin* ne doit exprimer que quelque chose de *petit.*

CARESME, grec, **karisma,** fête du croissant. Les **karisties** étaient des **phœbées** de pâte, des croissants, des lunes de pâte, dont l'usage est venu jusqu'à nous. C'était une fête de la nouvelle Lune qui précède la pleine Lune de l'équinoxe du printemps.

CÈNE, **cœnare,** *disner,* c'est le repas du lever de la nouvelle Lune, **shin, cyne, sinc.** Le grec **thoinè** (prononcez **cyni** veut dire *souper;* le patois picard dit *er-ciner,* petit repas vers le soir. Notre *disner* est pour *de-siner,* comme l'italien **de-sina-re, de-scina-re,** *disner, diner.*

CÉRÉMONIE, le culte du premier jour de la Lune, **mone-céré.** Cérès n'est pas autre chose que le croissant; **Pero-serpine,** le *décroissant,* la *serpe* qui finit et entre dans l'obscurité. **Peras,** *fin* et *serpe,* croissant. La *serpentine,* herbe, est appelée **proserpinalis** par les Latins, ou

Dracontium. Les noms lunaires des plantes, leurs noms primitifs, sont en grande partie venus jusqu'à nous. Ces noms sont pris ordinairement de la forme des feuilles ou de la tige, quelquefois de la forme ou de la couleur de la fleur.

CHIFFRE n'est que l'hébreu **sepher**, *livre, lettre* ; et comme toute lettre, tout signe est plus ou moins circulaire, *sphérique* : **guri-pha**, **fi-gura**, il en résulte que **grapho**, grec, *écrire*, c'est faire une *figure*, un signe. Notre mot français *écrire* est tellement défiguré, qu'il est difficile de le reconnaître : **se-guri-puta**, la *pythie circulaire*, le croissant ; de là **scri-pta**, latin, dont nous avons fait *e-script*, *écrit*.

CINE, la Lune du soir, voyez Cène.

CONDÉ, vieux français (**kondulos**, grec), a fait, par un vice de prononciation, *coude* en français moderne. Tout objet anguleux est un **condé;** aussi, le menton, le genou, ont-ils, dans les langues, des noms exprimant *angle, cône* : **gonatos**, *genou*, en grec, et **gnatos**, *mâchoire ;* **kin, kni**, expriment l'idée d'angle dans plusieurs langues. Deux rivières qui se rencontrent forment un **coin**, *coude*, un *condé* ; l'élément **dé** n'est pas toujours employé : *coin*, *cône*, **cuncus.** Une foule de noms de lieux n'ont point d'autre étymologie : *Coin-cy*, *Cugny*, *Con-gis*, *Coin-gny*, etc. La réunion de deux chemins est le plus souvent exprimée par **vitri (trivium)**, nom d'une grande quantité de villages en France.

CRIER n'est pas une onomatopée ; *holer hoer*, patois français, en est une ; l'hébreu KR, le grec **kekrago**, l'anglais **to cry**, l'italien **gridare**, semblent être formés de **gura**, **gula**, *gorge, gueule*, en patois, *gueuler, crier*. Le grec **kèrusso**, *crier*, c'est annoncer à son de corne **(keras)**.

CROISSANT, ce mot a une foule de sens : *croistre, grandir*, en est un des plus saisissables ; *acéré, pointu.* se comprend ; **kerasa**, *corne*, se comprend encore ; *sacré* est le premier sens symbolique ; *céré-monie* aide à le déterminer, c'est le culte de la Lune *Cérès*. *Sacré* ne veut pas dire autre chose que jour du croissant, c'est-à-dire jour du culte, *créance* ; le verbe **crere**, devenu *croire* et *croyance*, n'est pas autre chose que ce que l'on fait le jour de la nouvelle Lune ; le sens moderne de *croire* est un peu conventionnel, car, en langue primitive, c'est *tourner les regards vers le croissant*, *doigt* indicateur du Suprême, invisible par lui-même, manifeste par ses œuvres. *Espére-r*, c'est attendre le **serepe**, le croissant ; *espérer* se dit en hébreu **se-be-re** (l'hébreu n'a pas de P et écrit ainsi ce mot : **Sbr**, qui répond bien au latin **spera**, **s-p-r**, qui sont les trois consonnes de notre mot *eSPeRe*). Ce mot se retrouve dans beaucoup de langues : **elpis**, **erpis**, grec, *espérance ;* **bera**, **vera**, russe, *la foi, la croyance.*

DAIE, en vieux français, une *faulx*, un *taillant* ; le grec **daio**, *couper*, et **dai-zo**, *tuer*. **Dai** forme les séries d'expressions exprimées par le croissant; la déesse **Dalà**, le grec **dàï-mon**, y correspondent; *démon*, en grec, voulait dire *divin*, dieu bon ou mauvais.

DOMINE, *Seigneur*, que les Latins ont coiffé de leur insupportable *ousse* **(us)**, n'est autre chose que **mènè**, le croissant qui passe au-dessus de nous : *do-miner, é-min-ent*, indiquent que *Seigneur* veut dire l'*Élevé*.

DRUIDES, ce nom a exercé l'imagination des savants, qui n'ont jamais su ce qu'il signifie. Les prêtres tirent leurs noms, comme nous l'avons déjà dit, de la forme lunaire *nouvelle*, *septième* ou *quatorzième*. De là, *orer, dorer, adorer*, pour le premier jour, **orare**, latin; **septeuo**, grec, *adorer*, pour le septième, et *fester, solemniser*, pour le quatorzième (l'orthographe de *solennel* par deux *n* est absurde).

DORIDA, déesse de la mer; or, la Lune est la reine des mers, qu'elle soulève fortement à son premier et à son quatorzième jour, et qu'elle pousse et repousse chaque jour (flux et reflux). *Doridès*, grec, *couteau sacré, croissant sacré*. La Doride est le pays qui marche sous l'enseigne de **Dora-ida. Druides** (δρυ-ιδας) ne sont que les prêtres qui célèbrent à la nouvelle Lune, **ida; dru** veut aussi dire croissant; de là le patois *dru-ssir*, devenir fort, *croître*.

EMA, *nouvelle Lune*, qui inspire le sentiment exprimé par **ama-re**, en latin, *aimer*. En patois de Brécy (Aisne), on dit : *mon émi;* cette orthographe est conservée dans le français académique : *enn-emi, non-ami*, mot où l'on double si ridiculement l'*n;* il ne s'agit que de l'*in* negatif; pourquoi doubler l'*n* dans ce mot, qui n'est autre chose que *in-ami?* L'absurdité de l'orthographe se révèle tout entière dans *in-imi-tié*, mais elle montre que *AI-mé, E-mi, A-mi, I-mi*, sont bien identiques dans la langue française, malgré le changement de la voyelle initiale.

FACE, *pleine Lune* (voyez Démonstration XIV, page 12).

FILE, *croissant*, égale **hille;** il a fait le grec **filé**, *aimer*, le français **filou**, latin **fefeli**, *trompeur; éfiler*, mettre en pointe, donner le *fil*, le coupant, le taillant. Les Teutons, donnant à leurs enfants des noms de Lune, ont eu des **Fili-ber;** le grec, **O-phélia, Phil-arcos.** File, latin, est le synonyme de *profil*, **mènè** grec, *figure, mine, air* (ηρη). **Filis**, espagnol, *habilité*, c'est aussi une amulette en terre que portaient les Espagnoles avec un ruban; **fillos**, idem, pâtisseries en croissant, des *Phœbé*, des fèves de pâte, haricots de pâte, croissants de pâte. **Fel**, latin, égale encore **menis**, grec, *colère. Fel*, vieux français, a fait *féal* et *filou*, les deux sens contraires. **Fil**, d'où *pro-fil*, qui est le pendant de *Pro-serpine; fléau, calamité; fléau, balance*, **fleo**, latin, l'eau qui coule, **File** est un principe d'inondation. **File**, *croissant*, **èrè**, *croissant*, forment, en grec, les verbes *aimer :* **fileo, èrao, èros**, *l'amour.*

GALA, *croissant*, **Gaëll**, les Gaulois et les Galles, prêtres qui adorent le jour de la nouvelle Lune. Le coq fut symbole du croissant, **gallus, gallo**, italien, de même que la barque ⌣, croissant renversé, *galie, galiote, galère*. **Gala,** fête de la nouvelle Lune, réjouissances.

GERME, **iara-ma,** *Germanie,* **iara-mènè, gra-mene, iera-mene** ou **gura-men,** le *grain.* Le *germe* et le grain ont reçu un nom du croissant comme forme, et aussi comme principe de l'être,

GE-MINÉ veut dire *double* : c'est le nom du croissant à doubles cornes, pointes.

GO-TE, *Lune;* **ostour, ossa-toura,** la *Lune toute ronde, Ostro-Goths,* ses serviteurs, comme *Visi-Goths,* les serviteurs de la nouvelle Lune, ou tout simplement les *Goths,* adorateurs de **Coto,** *Dieu,* en teuton, qui a fait **Gote,** allemand.

GUILLA, **mama-guilla,** la *Lune notre mère,* disaient les Mexicains et les Péruviens. Le culte du soleil était moderne parmi eux ; ils le savaient par leurs **guipu** lunaires et par la tradition. En basque, **illa,** la *Lune,* **hilla,** espagnol, *fille*; **egu-illa,** basque, le *Créateur,* c'est le **Guilla** des Péruviens, qui prononcent **Quilla** (ils n'ont pas de g). **Quilla,** *croissant,* correspond à **virgo,** européen, *la Vierge, mère du monde* **(Isis);** à **vira-cocha, vira-dj,** sanscrit. Tout mot exprimant la nature *productrice, obéissante* **(pu-era, therapi, serf)** aux lois du Créateur. Quand on représenta cette nature productrice par une jeune fille, on lui laissa le croissant, sans lequel cette figure humaine n'aurait pas eu de sens.

GUI-VERA, *serpent,* de là le nom *Guiber, givre.*

GUOY, *serpe,* en vieux français.

GU-IDA, *guide,* c'est la Lune **mene, menuô,** grec, *conduire.*

HERCINER, voyez Cène.

HUI, **Gui,** *la Lune, le temps;* **gui-illa-no,** la *première Lune,* celle qui recommence l'année : **à gui-illa-neu!** s'écrient, en Provence, ceux qui vont demander leurs étrennes; c'est le synonyme de **Jana-vera,** *janvier,* la nouvelle Lune du nouvel an.

HU, **hy,** sont identiques à **u** grec, **hy-mènè** (υμνη), *la Lune nouvelle.* Nos *hymnes* sont les chants de la nouvelle Lune.

I, pronom universel (1) ayant servi à exprimer le *moi* humain par toute la terre. Divers accessoires le modifient, l'M et l'N en diverses langues, **Mi, Ni;** puis des finales : **I-ch,** allemand, **I-a,** russe, **I-o,** italien, **I** anglais, primitif pour le signe, mais prononcé avec toute l'absurdité anglaise en fait de prononciation.

KA-OS a deux sens contraires : *bon* et *méchant, ténèbres* et *lumière.* **Chao,** le *méchant,* dans l'Inde; **Cahou,** *méchant,* en patois français.

KAKOS, grec, le *mal.*

(1) Voyez la singulière erreur de M. Chavée, à notre chapitre *Objections,* fin du volume, page 63.

KAKI, les *ténèbres*, en copte.

KO, *caché*, en patois français. Le mot grec **ka-os** ne contient réellement que le mot **ka**, puisque **os** n'est qu'une terminaison commune. L'élément **ka**, déterminé par **na, la**, fait : KÁNA, *blanc;* KALA, *blanc, beau;* KA-LA-RA, *clair,* **clara.** Voyez comme tous les mots s'enchaînent et partent tous du primitif, la Lune, **kala** ou **kalara**, qui a fait **clarus,** latin; *dé-clarer* n'est-ce pas *montrer? Monstrer,* **de-mone-sator, mone-sator,** la *Lune remplie, saturée* (1), celle qui éclaire le plus (ne tenez nul compte de l'orthographe française, qui écrit *démontrer* sans *s* et *démon-S-tration*). *Mani-feste* est le synonyme de *dé-monstré. Montrer,* dans toutes les langues, revient à lumière, qui seule fait voir; de même, le grec δηλοω, **séloô,** revient à **sela,** clarté, lumière, et lumière à Lune, non parce qu'elle est la lumière la plus apparente, mais parce que la Lune a été prise pour type de la manière d'être des objets et partant, des noms de couleur aussi bien que de forme.

KAIROS, grec, le *temps,* ker; **ma-kairos,** *dague, couteau,* **coto,** *Dieu,* en teuton, a fait **gote,** en allemand, **gode,** en anglais; **ta-go,** *le jour,* est égal à **go-ta,** comme **di-es,** *le jour,* **di-os,** grec, *Dieu,* **di-eu, di,** *jour.* **Coto,** *Dieu,* fait *couteau, croissant* lunaire qui marque le temps, *côte, division, mesure.* **Go-ta,** *Dieu,* fait *da-gue,* arme un peu courbée, et **ta-go,** *le jour, le temps.* **Mes,** la *Lune,* le *mois,* fait **messer,** allemand, *couteau;* **mess,** en hébreu, c'est la faucille, image du croissant lunaire. Comment se fait-il que la moisson latine, **messis,** tire son nom d'un instrument hébreu, **mes-mera,** *faulx,* ou **her-mess,** *faucille?* Le temps fut toujours représenté par le croissant lunaire. Quand on représenta le temps par une figure de vieillard, la faux, faucille, fut toujours conservée. Ce n'est pas un attribut du prétendu dieu, c'est l'image de l'horloge du monde. C'est pourquoi **kairos,** en grec, veut aussi dire *mesure.*

KOPTO, copte, *adorateurs du croissant.* **Kopitos,** grec, *couteau recourbé;* de là s'est formé **kopto,** grec, *couper,* mais **kopi** ayant un élément **to** de moins, comme **coto,** qui n'a pas l'élément **pe;** l'italien ajoute d'autres éléments, le **co-le-te-llo,** *couteau,* comme le latin **culter.** Du plus simple **copo** vient *couper, coppeau, a-po-cope,* etc. (revoir Démonstration XII, page 44).

LUNE. Les montagnes avaient des noms de Lune : Alpes, Albe, Liban, signifient *Lune blanche;* Sina-ï, Pyrénées, signifient *Lune;* on rencontre encore dans tous les pays des montagnes dites de *la Lune.* **Lu-na** est synonyme de **mènè,** grec (lisez **mi-ni**), **lu,** *lumière,* **na,** *nouvelle.* La Lune est

(1) Les saturnales primitives n'étaient pas autre chose que la fête de la **phase,** la pleine Lune à minuit.

plus visible la nuit que le jour. Les Hébreux disent : **luna,** *passer la nuit;* les Latins appelaient la Lune **noctiluca** et aussi **lucifer,** mot qui conviendrait mieux au soleil. **Lucifer** est un nom donné à l'ange déchu ; ce mot est à comparer avec le *serpent* lunaire, le *croissant trompeur.*

MANIÈRE, *mine, mode, modeler, façon,* correspondent : à **mini,** grec, la Lune du premier jour ; à **mede,** la Lune du septième jour, qui fait aussi *modé-rer, miti-ger,* et *façon* à **fassa,** *figure,* Lune du quatorzième jour.

MENE (grec), *Lune.*

MENE-AINO, *avoir des désirs.*

MEN-UO, *indiquer, montrer.*

MENE-O, *être invariable, demeurer.*

MENE-**dès,** *bouc, Pan,* dieu à cornes.

MÈNÈ est bien la nouvelle Lune, puisque **mènè-eidès** signifie *en forme de croissant.*

MERGA, latin, la *faucille;* **mergo, mergot,** dieu des Allemands. Ils baptisaient : **in nomini patria mergo et filia mergo.** On voit dans l'Eda que les peuples du Nord baptisaient avant le christianisme. **Mergere,** latin, est un vieux mot primitif qui veut dire *baptiser,* souvenir du déluge qui submergea la terre. Ces mots établissent clairement le souvenir du déluge, dont chaque marée devint une commémoration. Pensant que le Créateur avait purifié la terre par l'eau, les hommes se purifiaient, leurs enfants et eux-mêmes. par le même moyen.

MITRA, divinité indienne; il ne s'agit que de la *demi-Lune,* **mite-ra,** type de toute mesure, **métro.** Ce nom signifie particulièrement *mesurer,* plutôt que le croissant et la pleine Lune. Les interprétations anciennes et modernes de ce mot ne sont que des puérilités imaginaires.

MONNAIE, **mine, mna,** grec, pour **mina. Meda-illa,** *médaille.* Monnaie a pour primitif **mo-no** ou **no-mo,** c'est de ce dernier que nous avons fait *numismatique,* science des monnaies, **nomaies** (νεμισμος).

NA, *Lune nouvelle,* **bo,** le *croissant,* **na-bo,** le premier jour du croissant. Comme *Phœbée,* **phoïbè-tès,** grec, qui signifie à la fois *Lune* et *prophète;* **nabo** signifie en hébreu *prophète,* mot à deux sens : l'un simple : dire ce que l'on fera pendant le cours de la Lune aux hommes; l'autre superstitieux : prédire, par l'aspect de la Lune, le bien et le mal. Le croissant, **ari-bera,** selon les prophètes superstitieux, annonçait le bien et le mal. **Ari,** comme **ra,** hébreu, signifie *bien* et *mal, amour* et *méchanceté.*

NO-VO, *nouveau,* **no-bo,** noubo, est le premier jour du mariage, qui durait sept jours. **Nu-pythie,** le nouveau *croissant serpent,* le nouveau Python, a formé le mot **nuptiæ,** dont nous avons fait *nopces, nuptial.* Le mot **sposo,** *espouser,* contient **spé, spes, spere,** qui, comparés à **elpis, erpis,** *espérance,* **erpe, erpetos,** grec, *reptile, serpent,* ramène au croissant, jour des *espou-sailles*. Le croissant, par sa forme, est une arme; par sa couleur, la lumière. Son attente, c'est l'espoir, c'est le jour du culte, du **couto, coltello.** *Cultiver*, c'est remuer la terre avec le *coultre*, couteau en forme de croissant; c'est un acte matériel. *Culte*, c'est tout ce que l'on fait le jour que la Lune est en *couteau* en l'honneur du Créateur, afin qu'il donne au bien la force de maîtriser le mal.

NUMIÑE, **nomme,** le principe de tous les noms, la nouvelle Lune, le jour distingué, le *signe* divin, **nu-ma, ma-nu, nomos,** *loi,* **nummi,** *monnaie,* tous noms dérivés, par des sens différents, de la nouvelle Lune, (**nu mènè. No, uno,** seul, veut dire la *Lune nouvelle,* l'espoir, l'esprit, **spe, speri-tu,** en grec **no-os,** *esprit* (**nou-mèni-oi**, grec, *les pains offerts à la nouvelle Lune*), **nomizo,** grec, *croire.* La croyance primitive a pris pour exprimer sa pensée les signes lunaires matériels. Il ne peut y avoir de mots spirituels qu' vient du sens. Quand nous disons que Dieu est *grand,* c'est un mot absurd appliqué à Dieu, c'est *immense* qu'il faut dire, *celui qu'on ne peut mesurer.*

OBISPO, en espagnol *évêque,* est un mot qui montre comment chaque peuple variait la position des éléments constitutifs d'une expression : **bishop,** en anglais; **bischof,** en allemand; **vescovo,** en italien; **episcopus,** en latin; **episcopos,** en russe. comme en grec. On voit dans ce mot plusieurs permutations de lettres et des transpositions d'éléments.

OSSIA, grec, *expiation,* **hostia** et **oscilla,** latin, même signification. **Otteia, osseia,** *culte,* **ossio-tèr,** grec, le *prêtre.* C'est le culte de la pleine Lune, **phassa;** sa grandeur fait *em-phase* et *fasse-tueux,* comme **ossos,** grec, **hostia,** fait *ostentation.*

PA signifie *père* dans toutes les langues, ainsi que **ma;** mais **ma** est presque toujours appliqué à *mère.*

PANEGYRIE, **pan-guros,** grec, *la toute ronde,* l'assemblée générale de la Phasse. C'est la *pan-hellenie* grecque, la PAN-SÉLÉNIE des Celtibères, qu'ils célébraient à minuit le jour de la pleine Lune (STRABON, livre III).

PARA, ce qui a précédé, a *paru* le premier, nos *parents.*

PRA, sanscrit, *avant.* **Para-Isis,** *notre mère Isis,* la Lune en croissant, symbolisée par un *navire,* **na-vere.**

PERI, dernier cercle de la Lune qui finit, **peras,** grec, *fin, périr,* **peri,** *autour, périmètre.*

PAYS, **etnos,** grec; *payer,* **ektinos,** grec; *païen,* **etnikos,** grec; pourquoi ces ressemblances matérielles de mots ? C'est que tout se rapporte à un type primitif fort peu varié : **pago,** c'est le canton, le cercle dont la *pagode* est le centre; c'est là que l'on vient payer l'impôt aux quatre-temps de l'année, à la pleine Lune de mars, de juin, de septembre, de décembre. C'est la coutume des nations *payennes* ou *pagodiennes.*

PLATA, *argent,* en espagnol, **platus,** *large,* en grec, et **platana,** une *tourtière*, ces expressions, comme notre français un *plat*, indiquent la forme de la pleine Lune, sa couleur.

PURA-AME, *faucille*, en grec, c'est-à-dire la Lune à son premier jour, *croissant*. **Pura-midos,** grec, ◠, △, *demi-Lune.*

PHTA, mot égyptien, n'est autre chose que **putho**, le serpent. Le mot *Egypte* n'est que l'**E-gu-Pythie** universelle, le croissant (1).

PUTA, c'est le *croissant;* ce mot signifie *pure* et *jeune fille;* **bala** signifie *jeune fille*, en sanscrit, c'est en même temps le type de *pur, blanc*, **bala, al-ba. Puta** est si bien le croissant, que l'on dit, en latin, **puta-tio**, *tailler, couper*, et notre mot français, *am-puter* un membre, le couper. Ce mot se rattache à **Puthia**, grec, la *Pythie*, qui n'est que le croissant, le serpent lunaire, **Putho**, par lequel les hommes sont instruits de l'avenir. Ce dernier sens de Pythie nous ramène à *Phœbée*, la Lune, et le grec **Phoibetès** (φαῖϐπης) à *prophète.* Qu'ont de commun la Lune et le prophète? C'est par l'inspection des trois **Muses**, figures de la Lune, que le prophète connaissait l'avenir. C'est par des signes lunaires (jetés au hasard) que l'on consultait Dieu. C'était là le culte de Tharé, ce n'était plus celui d'Abraham.

SEMA, demi-Lune, a fait *simi-le* et *re-seme-beler;* **ble** est un affixe commun, c'est le **bilis** latin. **Sam,** anglais, *semblable.*

SERPE, *spirale, serpent, re-spirer, esprit,* **vesper**, *sperme*, sont à comparer avec *espérer*, **elpis, erpis**, *reptile*, **erpetos**, grec; le croissant est leur type, comme celui de **salpix,** grec, pour **sarpix.**

SINCERE; les étymologistes ont trouvé que c'est du miel *sans-cire*, et chacun a répété la merveilleuse découverte. **Sin-cera**, *la Lune Cérès*, nous paraît toujours le type du feu, de la pureté, **pur**, grec, *feu, couleur de Lune, pourpre*, **pur-pur**, deux fois couleur de feu, *pourpre*, dont nous avons fait maladroitement *propre*. **Cana-ida**, *la Lune*, a aussi fait **canus**, *blanc* et *candide*, comme **mond**, allemand, Lune, a fait *monde, pur*, comme l'égyptien **neith**, Lune, a fait *net*, comme il avait fait **niti-dus.** Toute idée de pureté tire son nom de l'astre blanc.

SICHEL, allemand, *faucille* et *croissant*, objet en *cycle;* ce mot indique que le *sicle* était un *anneau*, probablement non continu, non soudé.

SHARP, *aigu,* **sharp**, *rusé* (anglais), *serpe, serpent.*

TENE, *mince, bref;* c'est la Lune qui commence ou qui finit, *menue.* Elle est alors en *serre*, en *main;* de là *ten-ailles, teni-r, re-tenir, serrer.*

TANA signifie *pays, étendue*, tout ce que nous voyons dans le cercle, dans l'horizon; mais son sens le plus commun en Europe, c'est l'idée de *petit, jeune, ten-dre;* de là *a-tenu-er*, comme *à-mene-drir, a-min-cir, di-minu-er. Menu, tenu*, sont tout-à-fait identiques.

(1) L'Egypte de l'*Univers pittoresque*, p. 255.

TRÈS, français, **ter**, latin, **ser**, allemand, sont le contraire de **ténu.** Ces trois mots expriment la plus grande quantité possible : *très bien*, trois fois bien, tout à fait bien. Le patois **tertous** veut dire *tout le monde.* On dit aussi **très-bien** pour désigner la plus grande quantité possible. **Ter, teur, tor**, est le nom de la troisième et complète *phasse, face, pleine Lune.* Face ou **pile, fil**, *pro-fil.* Les monnaies primitives portaient des croissants, **fil**, ⌣, qui ont fini par ressembler à des navires. **Pil, fil, hil**, sont des mots primitifs ayant presque tous les sens exprimés par le croissant, mais surtout celui de *petit.* **Ter** signifie la *plénitude*; puis, **tor, tour**, signifient *rondeur*; de là, on est bientôt passé au grec **toreuo**, *tour-ner*, ou bien *en-tour-er.* Nos mots *tourte, tourteau*, ne sont que des pleines Lunes. Les sens divers dérivant de la pleine Lune sont assez nombreux, et ils se trouvent exprimés par **tor** ou ses congénères, comme par **phassa, bola, ola, sola**, et les autres noms exprimant le plénitude, la rondeur de la Lune. C'est en partant du principe *rond*, exprimé par **tor**, que l'on comprend le grec **Tauro-bolos**, Diane, la pleine Lune, primitif de tous les noms qui expriment *trouble : l'ébranlement* des mers, *l'épouvante* de la terre, et les *taurobolies* expiatoires (revoyez la Démonstration XIV).

VER-GLAS, **glass**, *verre*, en allemand. Ces deux mots signifient *gelée brillante, verre-verre.* On voit combien l'homme est limité pour désigner les objets. Nos nomenclatures scientifiques, quand on les analyse de près, sont aussi pauvres, et quelquefois moins justes, que les anciennes. Charles Nodier s'en est spirituellement moqué, et il avait plus que raison. Du reste, la Lune est l'astre froid ; ses noms ont servi à désigner le froid et la pluie. La Lune est la *reine des eaux*; c'est une idée qu'il ne faut jamais perdre de vue, car une foule d'expressions en dérivent.

VERTERE, l'idée de tourner, *tra-verser*, **tra-vertere**, se trouve aussi exprimée par la marche circulaire de la nouvelle Lune ; c'est ainsi que **he-bere**, nouvelle Lune, et **phassa**, pleine Lune, signifient souvent *traverser, passer.* Comme calendrier, **berthe, bere**, *vérité, clarté, la Lune*, nous *a-vertit*; ainsi **mone**, *la Lune*, nous sert de *moni-teur*, le latin **mon-eo**, *avertir*, ou bien le grec **mene**, *la Lune*, qui fait **menuô**, *avertir, guider*, et notre mot français *mener.* La Lune, **mene**, au moral, est la main qui nous guide, le doigt indicateur, *index.* Cette main brille ; de là, **bere, vere**, *vrai*, ce qui est clair. *Berthe* et *vérité* sont synonymes de **a-men.** *Vrai* n'a pas d'autre sens que *visible. Clair* a pour type *blanc*, et **clara** n'est pas autre chose que le grec **kala-ra**, la *belle ra*; kalora, *feu, lumière.* L'homme primitif, créateur du langage, ignorait que la Lune tire sa lumière du soleil.

VOLCANA, **bol-cana**, *Vulcain*, c'est la pleine Lune, **é-phassa-ta** Ηφαιϲτοϲ, Vulcain) ; de là, *volcan*.

Nous aurions pu centupler ce Vocabulaire; mais tous les mots revenant sans cesse aux quelques idées premières, c'aurait été un travail inutile.

Il faut bien tenir compte aussi d'une grande quantité de mots créés en dehors des lois primitives, en dehors même du bon sens. Les éléments, si bien qu'on les connaisse, ne feront jamais comprendre que *quinquet* est une *lampe*, que *fiacre* est un *char*, qu'un *vélocipède* est un objet à deux roues sans aucun *pied* (pedis), et que la horse *tri-cycles* a quatre roues. Elle ne pourra jamais faire comprendre ce que c'était qu'un *chassepot*, si, dans les siècles à venir, nos arrière-petits neveux peuvent jouir du bonheur d'avoir oublié l'usage d'un pareil instrument.

A tous les âges du monde, il s'est formé des mots qu'il faut renoncer à expliquer, sans que la valeur de la nouvelle sience en soit le moins du monde atteinte, et ce fait se rencontrera d'autant plus que l'on s'éloignera du centre de la société primitive.

L'homme isolé a toujours, comme le premier homme, la faculté de créer un langage nouveau.

L'homme, abruti par l'état sauvage, a pu donner naissance à des êtres qui ont altéré complétement la Langue primitive, ce qui n'a pas existé pour les grands centres de populations.

OBJECTIONS

Notre découverte, se trouvant en contradiction avec ce qu'enseignent deux écoles contraires, doit nécessairement être repoussée par les deux.

Une école dit : « Si donc le premier homme n'avait pas reçu la parole de « Dieu même, il est absurde que, cependant il aurait commencé de suite à « parler. » (L.-F. JEHAN, *Linguistique Migne*, page 768.)

L'autre école dit : « On peut supposer que c'est en imitant le cri des ani- « maux, afin de les désigner et les bruits de la nature dont ils étaient le « plus frappés, que les hommes ont reconnu que leur organe vocal pouvait « moduler des sons articulés. » (*La Tribune des Linguistes*, page 27).

Nous ne pouvons que renvoyer à la page V de notre livre. Comprenons bien que le geste a précédé la parole; que le geste est le premier langage dont l'homme s'est servi pour exprimer sa pensée; que la parole n'est que le langage secondaire (excepté dans l'onomatopée), qu'elle ne tient sa valeur que du signe et de la convention.

L'invention de l'écriture est aussi merveilleuse que l'usage du son servant à exprimer nos idées; pourquoi la première école, n'a-t-elle pas songé à en faire un don divin ?

Pourquoi l'autre école ne fait-elle pas dériver cette création de l'intelli- gence humaine, de l'imitation de quelques animaux? des vermiculures que l'on voit sous l'écorce des arbres ?

L'homme a été formé à la ressemblance des animaux, tout son organisme le prouve. Ce qui, dans lui, a été fait à l'image de Dieu, échappe à nos sens comme Dieu lui-même. Mais les créations de l'intelligence humaine nous montrent un être distancé de tous les animaux; un esprit créateur, image imparfaite, mais enfin, image du suprême Créateur. Ne disons donc pas que le perroquet lui a enseigné à parler, l'araignée, à filer, le castor, à bâtir, etc.

* *

Le cardinal Wisman, après une série d'observations, conclut ainsi : « C'était seulement d'après cette hypothèse qu'on a pu se livrer à la longue « et inutile recherche d'un langage primitif. » (*Discours*, page 7).

Voici l'opinion de M. Renan, qui corrobore celle du savant cardinal : « Il « est des langues conservées..... Celles-là subsistent encore comme des « témoins, non pas, hâtons-nous de le dire, de la langue primitive, ni même « d'une langue primitive, mais des *procédés primitifs*, aux moyen desquels « l'homme sut donner à sa pensée une expression extérieure et sociale. Je « dis des *procédés primitifs*; car pour la langue elle-même, n'espérons « jamais y atteindre. » (E. RENAN, *de l'Origine du Langage*, préface, page XI; puis, 110, 111, 112).

Nous demandons à M. Renan, ce qu'il entend par *procédés primitifs?*
Toute notre découverte, consiste à avoir trouvé les *procédés primitifs* que
l'homme employa pour se faire comprendre de son semblable : gestes, voix.
signes et sons ; leurs combinaisons, tons et nuances. Nous avons cru pouvoir
appeler ces procédés, la *Langue primitive.*

*

M. Egger, dans ses *Notions élémentaires de Grammaire comparée,* p. 155,
dit : « Il faut surtout renoncer à trouver une langue qui soit la mère de
« toutes les langues aujourd'hui connues. C'est faire beaucoup déjà que de
« simplifier l'étude des nombreux idiomes qui se parlent ou se sont parlés
« sur la terre, en les ramenant à un petit nombre de familles, et d'avoir
« démontré que chacune de ces familles possède un *fond commun* de racines
« très anciennes. »

Nous demanderons aussi à M. Egger, que signifie ce *fond commun?*
Nous prétendons n'avoir retrouvé que le *fond commun,* l'étoffe primitive
du langage, les éléments des mots et leurs syntaxe ; syntaxe inconnue jus
qu'ici. La manière de placer les expressions dans un certain ordre plutôt
que dans un autre, constitue la syntaxe de chaque langue ; mais la manière
de placer les éléments syllabiques, pour composer un mot, est une syntaxe
primitive que l'on ignorait ; bien que l'on eut déjà remarqué que le **morfé**
grec est notre *forme* française ; mais on ne voyait là qu'un pur hasard de
transposition, comme *tapage* et **pata gè,** grec.

*

M. Léon Vaïsse ne croit pas non plus à la possibilité de retrouver la langue
« primitive : « Les théologiens, dit-il, ont longtemps fait un article de foi
« de reconnaître ce caractère à l'hébreu. Pierre Eric l'a reconnu au grec ;
« Jean Hugo au latin ; Boxhorn et Saumaise au scythe, qu'ils ignoraient ;
« Abraham Milius au cimbre qu'il ne connaissait guère davantage ; Reading
« à l'éthiopien ; John Wel, au chinois, etc, etc. »

Tout cela paraît à M. Léon Vaïsse des fruits de l'imagination (*Encyclopédie
du XIXe siècle,* page 99 du vol. XIX).

M. Burnouf, dans sa *Nouvelle Grammaire sanscrite,* dit : « Les professeurs
« commencent à comprendre qu'à la suite de tant d'essais chimériques ; il
« faut chercher dans le *sanscrit presque seul* les origines de nos Langues
« anciennes et modernes ». (Edition 1864, page XIV).

Est-ce encore un fruit de l'imagination ? non assurément.

La Langue primitive étant la simple étoffe que chaque peuple a taillée,
plissée, colorée à sa manière ; elle se reconnaît toujours par un observateur
attentif. Elle existe plus ou moins altérée par toute la terre. Aussi, nous
pensons que ces auteurs, qui se trompent peut-être sur quatre vingt dix-neuf
points, ont aperçu pourtant l'unique vérité en pensant, chacun dans sa langue,

retrouver la primitive. C'est que ces langues ne sont pas filles d'une mère, mais que c'est la mère elle-même, affublée diversement, qui sert encore parmi les hommes.

Le dernier patois de l'Italie, ou de la France, contient la langue primitive tout aussi bien que les patois de la Grèce dont Homère s'est servi pour composer son *Iliade*; en y faisant entrer peut-être un peu plus de son patois natal que des autres. Homère fut corrigé ensuite, et rajeuni comme plusieurs de nos poëtes et historiens du treizième siècle le furent par quelques ineptes savants du dix-huitième.

*
* *

M. Chavée démontre la pluralité des races par la diversité des radicaux. Voici comment il s'exprimo (*Revue de Linguistique*, tome Ier, page 443) :

« Au type indo-européen MA, caractérisant la première personne, quel « correspondant de signification trouvons-nous dans le sémitisme? Le type I, « *moi : I, moi,* en hébreu et chaldéen; I, *moi,* en samaritain; I, *moi,* en « arabe, en syriaque, etc..........

« Et maintenant, quant à la diversité radicale du sémitique I, *moi,* et de « l'aryen MA, *moi,* je croirais faire injure à mes auditeurs en essayant de les « mettre davantage en relief. L'un n'a jamais pu être l'autre, et tous deux, « dans des races différentes, ont été nécessairement contemporains des « premières manifestations de la pensée. »

Assurément, M. Chavée n'avait, dans son auditoire, ni Anglais, ni Allemand, ni Russe, ni Italien, ni Espagnol, etc., car ils lui auraient dit : I, I-ch, I-a, I-o, Y-o, sont les pronoms *je* et *moi* de nos langues; nous prenez-vous pour des Sémites? ne sommes-nous pas des Indo-Européens?

I précédé de M, N, ou suivi d'une voyelle, est le pronom universel (revoyez page 11 et § 18).

Ia, grec, et **Mia** sont identiques, comme **éni, én,** *un;* **i-s,** *un* (εἰς); I, en chinois, signifie *un.*

Les pronoms grec et sanscrit **mi** que l'on voit dans les verbes **ei-mi, as-mi,** ne sont que le pronom final français de *je su-I;* c'est le **mi** picard; en un mot, le I accolé d'un signe quelconque est le pronom universel qui, ainsi que plusieurs autres mots, démontre aux yeux l'unité de la race humaine.

Nous ne citerons pas la même conclusion que tire M. Chavée de l'absence de **Pa,** *père,* qui, selon lui, n'existe pas en hébreu, bien qu'il soit dans **a-BA,** *père* (les Hébreux n'ont pas de P); c'est le **a-VA, avus,** latin, le VA-**ter** allemand, le FA-**ther** anglais.

Est-ce que M. Chavée ne sait pas que BA, FA, VA, PA, sont identiques pour exprimer PÈ-*re* et MÈ-*re,* **pa-rens?** PI et PU, sanscrit, latin et chinois : PI-**tri, Ju-PI-ter** (grec Ζευ-πα-τερ), **pu, fu,** *père,* en chinois, sont les mêmes mots.

*
* *

« Les premiers qui parlèrent désignèrent les êtres par des sons qui
« peignaient leurs qualités.

« On avait peu d'objets.

« Ces objets étaient frappants.

« On préféra nécessairement les sons qui étaient frappants comme ces
« objets.

« Il n'est aucun objet qui n'ait un rapport plus ou moins étroit avec les
« sons vocaux et qui ne puisse être peint par ces sons. » (Cours de Gébelin,
Histoire naturelle de la Parole, chapitres ii et iii.)

Que l'on ait nommé les animaux par leur cri, c'est possible, bien qu'il
restât un peu d'embarras pour les diverses espèces de poissons.

Mais comment exprimer les formes, les odeurs, les couleurs, si ce n'est par
signes et par convention de sons.

Le premier jour de la Lune est ceci) : il signifie *un, principe,* **arqué**) ;
c'est la forme de l'*arc*) ; c'est aussi l'*arche* du pont ou l'*arc* de triomphe ⌒,
l'*arc*-en-ciel ⌒ ; c'est l'*arche* de Noé, une **ba-arca** ⌣, **arca**, latin ;
noue ⌣, cavité des toits, petit vallon, dans les terres, que suit l'eau des
pluies ; *arçon* de selle ⌣, etc., etc.

L'écriture primitive n'était pas de convention lorsqu'elle se bornait à
quelques signes, images des formes premières. La convention y entra peu à
peu, et sans la tradition orale, nos écritures actuelles n'auraient aucun sens.

Garsilasso della Vega dit que les **quipu** mexicains avaient besoin de la
tradition orale pour être compris. C'est une remarque fort naïve. Que seraient
toutes nos écritures sans la tradition orale ? Des vermiculures inintelligibles.

La tradition orale est sujette à des altérations sans nombre, même lorsqu'elle
est accompagnée de signes. L'hébreu **Phassa**, O, était : chez les Latins,
Vesta ; chez les Grecs, **E-faistos. Vol-cana, Bol-cana,
cana,** *le croissant* devenu *boule* ; **olos, solos,** *nombre rond, tout
entier,* c'est-à-dire *vaste, em-phase.*

Dans quelles aberrations les hommes, depuis quelques milliers d'années,
ne se sont-ils pas égarés à propos de ce mot, qui n'est qu'une image de la
pleine Lune ?

*
* *

« La parole contenue dans la première langue a dû être révélée divinement
« à l'homme le jour où l'âme a pensé. » (Lamartine, *Cours de Littérature.*)

C'est se faire une idée trop puérile de Dieu que de le faire intervenir sans
cesse sous une forme accessible aux sens pour montrer à l'homme à se servir
de l'intelligence qu'il lui a donnée.

L'art de communiquer à travers les mers par le fil électrique est plus
extraordinaire que l'usage de la parole, car l'art de communiquer par l'écriture
ordinaire est déjà l'égal de la parole.

La parole n'est qu'un des moyens dont l'homme peut se servir pour s'exprimer. Ce n'est pas un don direct de Dieu.

L'homme a créé l'art de parler avec l'intelligence qu'il a reçue du Créateur, absolument comme il a créé l'écriture, la musique, etc.

*
* *

On nous a objecté que nous faisions des barbarismes pour faire correspondre les mots avec nos principes. Ce reproche est par trop classique.

Pauper, latin, *pauvre*, est un barbarisme devant le grec **pauros,** prononcez **pavros,** *petit;* l'italien **po-vero** est un barbarisme devant l'espagnol **po-bre,** et l'anglais **poor** en est un devant notre mot français *pauvre*, autrefois *povre*. Mais, devant la langue primitive, tous ces mots sont identiques; ils signifient *petit, peu.* C'est le **pa-vera** ou **bera,** c'est le croissant à sa première forme). De même, le décroissant, c'est-à-dire la cinquième forme (, signifie *petit, mesquin,* **quin,** *cinquième,* **mes,** *couteau* ou *décroissant.* **Penté,** grec, *cinq*, est la même cinquième forme : **penètos,** *pauvre;* re-pent-ir, πενθέω, *pénitence,* expriment la *tristesse*, le *jeûne*, le *deuil* qui précède la nouvelle Lune, la *fin*, la *mort* de celle qui s'éteint. De ce signe vient **penia,** *pénurie.* Ces mots sont encore synonymes de **manca,** *gauche, faible, mince;* **Manca** est la Lune qui finit à gauche ((1), opposée à celle de droite), c'est-à-dire qui commence. De là tous les sens défavorables de *gauche* et tous les sens favorables de *droite.*

L'arabe **meskin,** *pauvre.* Qui ne sait ces vers de la *Maddalena* de Silvio Pellico :

> **Chi rendo a la** *Meschina*
> **La sua felicita?**
> *Qui peut rendre à la* **Pauvrette**
> *Le bonheur qu'elle a perdu?*

Dira-t-on que ce mot vient de l'arabe? Les Hébreux le possédaient : **m-s-q-n,** **mes-qin,** *pauvre,* d'où leur venait-il?

De **Pa-ve-ra,** primitif, doit venir **pa-re-va,** *parvus, petit;* **Bere-phos,** grec (βρέφος), *enfant, petit;* **Brevis,** latin, *bref, brève.* Tous ces mots ont pour type le croissant qui *naît* et surtout le décroissant qui *s'éteint.*

Kuneo, grec, en vient, c'est *adorer* à la cinquième forme (; la forme en *coin* est identique à la première forme en *croissant,* mais *quin, cinq,* paraît bien être **kin-d,** allemand, *petit, enfant;* **kinu,** *menton* ⌣, **ma-kera,** *mâchoire* ⌣; **knie,** *genou, jarret* (2), **iarek,** hébreu, *cuisse et crois-*

---

(1) **Mancanza,** italien, le *décours* de la Lune.

(2) Tous ces mots n'expriment que quelque chose d'anguleux ou de petit.

sant, **iarak. Kneif,** allemand, *canif, tranchet,* **cani-fa,** c'est-à-dire une petite serpette, une petite image du croissant brillant. Grec, **knu,** *petit*; **kni-sar,** *rasoir.*

⁂

L'auteur de la *Grammaire madécasse,* M Chapelier, dit : « La langue de « Madagascar n'a proprement aucun rapport sensible avec quelqu'autre « langue..... »

Voici quelques mots qui prouvent le contraire :

Main	**Tanga**	*Tangible*
Toit	**Taf**	Ταφος, **taf, tau,** *sépulture*
Arrondir	**Tabola-bola**	*Faire en boule*
Mourir	**Mate**	**Matar,** espagnol, malais
Quantité	**Masse**	*Masse,* en français
Fâché	**Mari**	Français et teuton
Puissant	**Her**	En français et teuton (seigneur)
Monnaie	**Ambola**	*Obole,* Lune ronde, plate

⁂

« Comment M. de Vertus peut-il dire que la Lune signifie la *lumière,* le « *jour?* Le soleil n'était-il pas, pour les premiers hommes comme pour ceux « d'aujourd'hui, le père du jour ? »

Cette objection est très sensée; mais les premiers hommes ayant trouvé dans la Lune un type unique, un point de repère, un étalon pour tout comparer, désigner, nommer, la Lune qui paraît, naît, *pointe,* fut le signe pour exprimer le *point* du jour. Est-ce que l'aurore a une *pointe?* Ce n'est donc que par comparaison au croissant, qui *point* (car il apparaît comme une faible *pointe*), que l'on dit *poindre* l'aurore.

Le soleil n'avait pas plus de nom que le ciel. Pourquoi les premiers hommes ont-ils exprimé le *ciel* par le croissant ⌒? C'est par la même raison que l'Auvergnat dit le *ciel* ⌒ de la bouche pour le palais, le *ciel* du lit; le *van* ⌣, *le vallon,* c'est le ciel renversé. *Bo* ⌣, *bois,* ce qui croît en fourche ⌣: bois du bœuf, bois du cerf.

Ce n'est pas par convention que la Lune représente toutes les formes premières: c'est un étalon indiscutable. Le soleil n'a qu'une forme O, toujours la même; c'est celle de la pleine Lune O, et du sol O, **pago,** παχος, complet, épais, le cercle, le pays, le *terroir,* quand nous le considérons d'un point élevé. Je l'ignore, mais je pense qu'en pleine mer, l'étendue que l'on voit autour de soi doit paraître une pleine Lune circulaire dont on occupe le centre.

⁂

« Comment M. de Vertus peut-il donner, pour type du mot *chaleur,* la Lune, « qui n'en a aucune? »

La réponse est la même.

Ce n'est pas parce que le croissant est l'objet le plus petit de la nature qu'il est le signe du petit, c'est parce qu'il est la plus petite Lune des douzze Lunes qui composent la pleine Lune.

La nouvelle Lune est le type du feu qui s'allume, et la pleine Lune, Vulcain, **Bol-cano,** le croissant devenu boule, le type du plus grand feu, de la plus grande chaleur. Pour ne point sortir de leur type unique, les premiers hommes ont sans doute créé des expressions qui manquent de justesse au point de vue de nos connaissances actuelles.

*
* *

« Comment l'auteur, avec les types lunaires, peut-il expliquer le grec « **pha-ô,** parler, et **pha-ô,** briller ? »

Le mot *parler*, dans le grec, **la lê ô,** le français *babiller*, *chuchoter*, *chuchiller*, est une onomatopée, mais le mot **pha** signifie *indiquer*, *montrer*, *éclairer*. C'est une grande erreur de croire que le signe représente la parole, le son ; c'est, au contraire, la parole, le son, qui, par convention, représentent le signe lunaire se rapprochant le plus de l'objet à nommer.

La parole a donc conservé le sens de signe dans **dicere, in-dicare, in-dicere,** *annoncer*, *désigner*, *déclarer ;* ce dernier mot signifie *rendre clair, montrer ;* il fait voir le lien qu'il y a entre les deux **pha** grecs (φη-μι, je *déclare*, je *dis*, j'*éclaire*) ; **di,** *jour*.

En chinois, **youeï** signifie *Lune* et *parler*, mais nous ne connaissons pas assez cette langue pour tirer une démonstration de la ressemblance de ces deux mots.

*
* *

« L'auteur dit, page 2, que les lettres d'un organe différent ne permutent « pas. Tout le monde reconnaît pourtant que *milieu* vient de **medius,** « latin, par changement de **D** en **L.** »

Nous ne reproduisons cette objection naïve que pour montrer combien certains savants se rendent peu compte de leurs croyances. Le mot *mi*, français, signifie *demi*, comme dans *mi-di*, *mi-nuit*, *mi-lieu*.

Pourquoi ne pas dire que *mi-di* vient de **medius,** il n'y aurait aucun changement de consonne à faire ; mais il n'en vient pas plus que *mi-nuit ; mi-di,* c'est *mi-jour.*

*
* *

L'auteur ne s'appuie-t-il pas trop souvent sur une vaine ressemblance de son pour trouver aux mots une commune origine ?

Le son peut certainement égarer, s'il est seul ; mais avec le signe qui lui correspond, l'erreur n'est guère possible.

Ainsi, *lampas*, c'est le *ciel* de la bouche ⌒, le palais ; comparez *O-lympe*, ciel ⌒, palais des Dieux ; puis, montagne ⌒, **umbo,** latin, *bosse,*

ambôn, grec ⌒, même sens, c'est toujours le croissant exprimant la forme du ciel.

Le même terme exprime la lumière : **lampas,** grec, *lampe,* la lettre *lam-da,* grec, *lamed,* hébreu, n'est que le croissant ⌇ . **Lapada,** hébreu, *éclairer;* **lampô,** grec, *éclairer.* Assurément, notre vieux mot *flambe, flamber,* ne vient pas du latin **flamma,** qui n'est qu'un mot corrompu; dans *flamber,* il y a **file,** qui égale **hi-lu-amba.** Comme couleur, ce mot a fait notre *limpi-de.* Revenons à la forme courbe : **amp-le-xus,** ce qui *enserre* et *serpente,* et *sermente;* **ampe-los,** *vigne, serment; rampe* n'est autre chose que **lu-ampe,** comme *lombe* ⌣, ensellement des reins, égale **rumbos,** grec, *replis tortueux d'un serpent (ramper).*

Lambris, c'est ce qui entoure.

Lombric, ver, petit serpent de terre.

Lamproie, petit serpent de mer.

(Revoyez, page 13, l'identité de **lu** et de **nu.**

Le mot *lymbe* astronomique représente ( ) ⌒ les quatre bordures. Le mot *lymbe* théologique est une vieille réminiscence grecque, c'est l'enfer, la partie inférieure ⌣ de la Lune, où allaient d'abord les âmes aussitôt leur mort.

N-imbe, l-imbe, c'est l'auréole des élus, c'est la couronne, **cornua,** les *cornes* lumineuses de Moïse, dont le sens est si mal compris par les traducteurs.

Voici le sens tiré de cette coutume : **n-umphè** ou **l-umphè,** grec, la *Lune des noces, le croissant.*

Le croissant est le signe de tout principe, quel qu'il soit; aussi *source,* **numphè,** est-il un nom du croissant; de là les contes grecs sur les *nymphes* et *fontaines.* **Nu,** *nouveau,* **amphè,** *croissant;* de là **amphi,** grec, *cercle, autour; amphi-thédtre,* c'est-à-dire *cirque, cercle.*

Le sens de l'influence lunaire du croissant est aussi exprimé par ce mot : **lymphor,** en latin, *je suis fou, lunatique.*

Il faudrait des pages entières pour suivre la filiation de ce mot dans *rempart,* ce qui entoure, *lambire,* latin, notre mot *lambeau,* etc , etc., et enfin pour montrer que *ample,* qui ressemble à **amplexus,** vient plutôt de **amp-bola,** le croissant complet devenu *boule-large,* car **amp** seul ne signifie qu'élevé ⌒, comme **éleph,** *mille,* en hébreu, c'est-à-dire *nombre élevé.* χαλος (prononcez **kilos,** comme les Grecs modernes), *ciel* ⌒, **cœlum** ⌣, *selle*). **selas,** *lumière,* **sélè-nè**), *croissant;* χαλος, *la paupière supérieure* ⌒, le ciel de l'œil, dont l'opposé est **kellès** ⌣, le cheval de selle, le bateau ⌣, comme **hip,** *cheval* ⌣, et *croissant,* **hippe,** *serpe, faux* ⌇, *faucille,* chez les Allemands; *huppe, crète* ⌒, ce qui est au-dessus, **uper** ⌒; au-dessous, **upo** ⌣, grec. *Dessus* ⌒, *dessous* ⌣, mots de sons identiques pour exprimer deux positions contraires.

CONCLUSIONS

Le langage des hommes se compose donc :

D'un certain nombre d'onomatopées, comme *souffler*, *pétiller*, *râler*, *cracher*, *craquer*, *coucou*, etc., etc.;

De mots créés par la convention primitive, ayant pour types les formes premières, qui sont reproduites naturellement, chaque mois, dans les diverses phases de la Lune ;

Et, enfin, d'un grand nombre de mots formés sans principes à des époques successives.

La connaissance des éléments primitifs fait pénétrer dans le fond des idiomes des peuples divers. L'étude du latin, du grec, du sanscrit, peut bien étendre notre connaissance des mots, mais elle n'en donnera jamais la valeur intrinsèque ; les éléments primitifs seuls peuvent la donner.

Prenons le mot *faible* dans le *Dictionnaire français* de Bécherelle, il nous dit qu'il vient du latin **debilis,** par substitution de l'**f** au **d.**

En admettant de pareilles substitutions, on n'est jamais embarrassé.

Seulement, quand on nous dit que *faible* vient de **debilis,** cela nous apprend un mot de plus, mais ne nous montre pas pourquoi **debilis** veut dire *faible*.

Si nous examinons ce mot avec nos principes, nous ramenons la diphthongue **ai** à **é** primitif, nous avons *féble*, vieux français ; comparons-le avec **fibalos,** grec, *grêle*, *maigre*, *faible*, et **fibla,** *agrafe, petit croissant*, nous aurons le signe premier du *menu, mince, faible,* et en même temps du *crochu*, qui retient, *fibule*. *S'affubler* n'est pas autre chose que de se couvrir en s'agrafant (voir les vêtements antiques, qui ne tenaient au corps que par des fibules).

Ménage avait trouvé l'étymologie secondaire d'*affubler*.

C'est qu'en effet, pour qui connaît trois ou quatre langues, les étymologies secondaires sont faciles; mais l'étymologie primitive est restée inconnue jusqu'ici : c'est qu'on la cherchait toujours dans le *son* et jamais dans la *forme*, dans le *signe*, ce père de la signification du *son*.

> Ce qui est *crochu* retient;
>
> Ce qui est *pointu* perce ;
>
> Le *sphérique* roule, tourne.

C'est par des remarques de cette simplicité que nous avons découvert tous les sens tirés du croissant, de sa forme), marche, couleur, et enfin de ses influences vraies ou supposées.

Les idées dérivant de la demi-Lune ☽ étaient un peu plus difficiles à découvrir, non pas comme signe de *moitié, mesure :* **mèdïda,** hébreu et espagnol, *mesure,* ni comme culte du septième jour, **septeuo,** grec, *rendre le culte à Dieu,* et **sabato, sapto,** le *sabbat,* hébreu ; tous ces mots ne sont que l'image de la *septième* forme du croissant, c'est-à-dire la *semi, demi. Lune.* Mais la difficulté était dans le sens de *bonté, calme,* exprimé par **dama,** en latin, **medi,** en hébreu, **mitis,** en latin ; **mad,** dans diverses langues.

L'homme a-t-il été créé à une époque où l'eau couvrait presque toute la terre ? L'influence lunaire était-elle plus considérable qu'aujourd'hui ? son attraction plus forte ? Nous l'ignorons ; mais son calme, son repos du septième jour, fut un type de bonté ; de là son nom de **Dama**, *la bonne Lune,* **mad, demi, mitis,** ou *domptée,* **damao,** grec. Cette dernière expression montre que l'intelligence humaine primitive sentait un *dompteur suprême,* un *Messie, média-teur,* qu'elle ne pouvait nommer, comme on le voit, que par le signe de son acte (δαμα-ω) ☽.

L'idée de plénitude exprimée par la pleine Lune ○, *foule, boule, volée, bolée,* vieux français, exprime *multitude,* ce qu'il y a de plus grand, le nombre *rond.*

La décroissance exprime des idées contraires. Nous renvoyons aux pages 7 et 9 pour ne pas nous répéter.

Nous prions, en terminant, que l'on ne vienne pas nous faire de ces critiques qui abondent sous la plume des plus infimes écrivains : .....*ce travail manque de méthode,* .....*c'est une confusion continuelle,* .....*on croirait que l'auteur a juré de faire une guerre sans trêve à la logique.*

Nous repoussons surtout cette critique demi-bienveillante, la pire de toutes, elle ne sait que dire : .....*l'auteur n'est pas sans quelque talent,* .....*il a des idées ingénieuses,* .....*assurément il y a quelque chose dans ce travail,* etc., etc.

Non, il n'y a RIEN dans notre travail, ou il y a TOUT, c'est-à-dire le principe de tout.

Si le croissant) n'a pas servi de type à *premier ;* si la septième forme de la Lune ☽ n'est pas le signe de *demi,* du *repos,* du grec **septeuo** et de l'hébreu **sbt,** *rendre le culte à Dieu ;* si la pleine Lune ○ n'est pas le signe de la plus grande *grandeur,* de la *multitude,* du *complet* moral, de la *fête de la Pâque* solennelle célébrée chaque mois par les premiers hommes ;

Si ces trois formes (ιδεαι) ne sont pas les trois principaux signes types du langage,

Notre découverte n'existe pas.

Elle rentre dans la catégorie de ces œuvres plus ou moins excentriques qui dorment sous la poussière de nos bibliothèques.

C'est donc à ces trois bases fondamentales qu'il faut que la critique s'attache, ainsi qu'aux assertions suivantes :

Nous affirmons que le culte primitif était essentiellement *nocturne*.

L'immensité des œuvres du Créateur n'est visible que la nuit.

Le soleil aveugle l'homme; en sa présence, il ne voit plus que le petit rond de terre sur lequel il repose ; des flots de lumière dérobent le reste à ses regards. Le culte du soleil est une aberration relativement moderne.

Il n'y a pas d'expressions spirituelles. Les premiers hommes pensaient que Dieu ne pouvait être nommé ; car il n'y avait pas de signe qui pût représenter l'idée qu'ils avaient de Dieu. Ils adoraient Dieu sans le nommer.

Le langage du *signe* a précédé le langage du *son ;* aussi le *nom* portait-il le nom de signe, **sema,** chez les Hébreux (σημα, *signe*). Le nom est l'image de l'objet, de l'être qui le porte, *son signalement*.

L'oiseau *coucou*, le chien *aboua*, ont des noms par imitation non de la forme, mais du cri; c'est l'onomatopée; c'est un fait bien connu.

Mais notre découverte ne repose aujourd'hui que sur des *paradoxes* qui demain seront des *vérités* reconnues. Les antipodes, pour la plupart des anciens, étaient des paradoxes; ils n'en sont plus aujourd'hui pour personne.

Il ne faudra donc pas juger notre découverte avec la science acquise, mais avec des yeux et une raison dégagée de tous préjugés. Qu'importe à la raison qu'une assertion soit contraire aux enseignements reçus, si elle repose sur une vérité? Croit-on qu'il ne reste plus rien de nouveau à découvrir pour l'intelligence humaine? Le *il n'y a rien de neuf sous le soleil* n'est qu'une vieille banalité.

La critique devra démontrer que nos principes sont faux; non pas en relevant quelques applications inexactes que nous avons nécessairement faites dans une science aussi neuve, mais en prouvant clairement que la Lune et ses phases géométriques, ses couleurs, ses influences vraies ou supposées, n'ont été pour rien dans l'établissement du langage des hommes, dans leur moyen de compter le temps. La critique devra démontrer que la Lune n'a pas servi à préciser les moments du culte, c'est-à-dire de l'adoration d'un Être supérieur, invisible, mais se révélant à l'intelligence par ses œuvres.

Croyance, philosophie, tout est là photographié dans le mot primitif, dont nous nous servons encore, car, comme le Bourgeois gentilhomme, chacun de nous parle la langue primitive sans s'en douter.

Notre découverte n'est pas une simple curiosité archéologique, c'est une révolution dans les croyances linguistiques, car nos principes une fois reconnus, il en résultera une grande transformation dans l'enseignement classique.

Les langues parlées resteront ce qu'elles sont avec leurs syntaxes, mais la langue primitive, c'est-à-dire l'étoffe de toutes les autres, devra être étudiée, sous peine de ne connaître, dans aucune langue, la valeur d'aucun mot type, sous peine de conserver à nos mots la plupart de leurs étymologies erronées.

Il faut que la linguistique ancienne fasse place à cette linguistique nouvelle, comme l'alchimie de nos pères a fait place à la chimie moderne.

CORRECTIONS ET ADDITIONS IMPORTANTES.

Notre livre n'étant pas un ouvrage de littérature, nous n'avons pas visé au beau style. Nous ne corrigerons donc que les fautes qui nuisent à l'intelligence du sens.

Page VI, dernière ligne.

Après **gunè**, ajoutez : **Ema, em,** mots sémites, qui veulent dire *femme*, sans aucune adjonction de signe ; mais ils se rapportent à notre expression *père et mère*, **parens**, latin, tandis que **fe-ema** désigne plus spécialement la partie féminine, **fé-mènè**, de l'être double qui ne fait qu'un ; idée primitive que notre mot *ma, moitié* exprime parfaitement.

Page X, ligne 6.

Platana signifie surtout un corps *plat* et *large* (πλατυς), comme notre mot *feuille*, **folium** (φυλλον), tout corps *plat, large*, comme la Lune du septième au quatorzième jour. Ainsi, les *sapins*, **spinea**, n'ont pas de feuilles, mais des *espines, espingles, aiguilles*, c'est-à-dire de petits croissants, de pauvres feuilles pointues, πεντε, πενετης. On dira : une aiguille n'est pas courbe, ce n'est pas un croissant. Un *cornet* de papier est-il *courbe ?* Non ; cependant c'est bien du mot *corne* que nous le nommons. La corne lunaire représente deux idées, deux formes, le *courbe* et le *pointu*, ensemble ou isolés.

Page X, ligne 28.

Le mot *compter*, **coma-puta**, *croissant*, **komma**, allemand, *virgule*, **kommen**, *venir*, comme le grec **arkeo**, *commencer*, **erko-mai**, *venir*, faire comme l'*arc* lunaire, qui *naît*, qui *vient* (**Vénus**), comparez le grec **komè**, *cheveu, chep-veu*, à **cepi**, latin, *commencer*, à **arceo**, latin, *s'allumer*, mot dont le premier jet lumineux du croissant est le type ; puis *compter*, c'est faire comme la Lune. Le **comput** ecclésiastique n'est que le chapelet lunaire emprunté aux nations, almanach composé de *breloques* ; **bere-loque**, *dire les Lunes*, comme **or-loque**, *dire les heures*, *montre, moniteur* (**moon**, *Lune*, **tor**, *agent*).

Plusieurs autres noms du croissant ont formé *numérer, chiffrer, coter*, etc., etc.

Page 4, ligne 4.

On nous a reproché d'avoir dit que l'hébreu n'a pas de P, ceci n'a aucune portée, puisque nous lisons **phassa, passa, fassa** et **vassa**, dans le mot hébreu signifiant *Pâque*. Nous avons affirmé d'après saint Jérôme, qui a examiné la question de près et qui a écrit **Phase**, *Pasque*.

Page 4, ligne 12.

Ve, vi. vu, voi, sont identiques dans le verbe *voir*.

Page 5, ligne 5 du § 10.

Après *naturelle*, ajoutez ;.

Page 8, première ligne.

Lisez *furent* au lieu de *fut*.

Page 10, ligne 13 et suivantes.

Ressemblance veut aussi dire *figure de, signe de*. Plusieurs peuples ont tiré ce mot de **idea**), la *nouvelle Lune;* de **fassa** O, la *pleine Lune*. Le sanscrit **sama,** l'hébreu **dama,** l'ont tiré de la Lune du septième jour D.

Page 11, ligne 30.

No-io, *noyau*, **iu-no**, *Junon*, c'est le principe de toute chose, le *germe*, **iera-mia**. **IA, IO**, *un*, **halo**, le croissant du premier jour. Les Grecs croyaient que les Juifs adoraient une tête d'âne, **alo-ia,** mot primitif resté chez les Latins ‿. Les Juifs nommaient Dieu **hale**, ou **ia**, **io**, **io-va** (**Jove**, latin), puis **io-ma**, **ia-ma** (**Ma-ia,** européen), qui signifie **DI**, *Dieu, jour*. **Hale-io-ma** (qu'il ne faut pas lire **éloïm**) n'est pas un pluriel, car cet **im** n'est pas plus le signe du pluriel, dans ce mot hébreu, que l's ne l'est dans *temps, puits*, l'**x** dans *doux*.

Quand l'homme voulut absolument nommer Dieu, il ne put le faire que par des signes lunaires qui signifient *élevé :* **hale**, *croissant*, le signifie, **io** aussi, et **ma** de même. Ces mots indiquent que les Hébreux voulurent exprimer Dieu par le superlatif primitif, c'est-à-dire le même mot trois fois répété, comme *saint, saint, saint*, ou **hale-io-ma**, trois noms exprimant le croissant, c'est-à-dire *principe, lumière, élévation*.

Quant à l'ineffabilité du nom **Jehova**, c'est un pieux verbiage des Juifs qui est passé chez quelques chrétiens mieux intentionnés que savants, puisque **Jehova, Ia-Ve**, le premier croissant, est le même que **Vera-Ma**, ou **Brama**, ou **Jovis**, ou **Zev pater**, grec, **Je-Ve**, *le père le principe*, qui égale **DI**, européen, Δι-ος, grec; **Ye-Vé**, chinois, et tous nos *monts*, **Jou** et **Gevien**, **Geyen**, *de France*.

Les mots hébreux suivants sont toute une révélation du culte primitif : **hale**, *chesne*, **hale**, *Dieu*, **hale**, *cercle*, **halo!** *voici le croissant!* **eccé!** **idou!** premiers cris du prêtre placé sur la montagne dans l'attente du croissant. **Haloul (hale-hale)**, hébreu, la *nouvelle Lune de septembre;* **hallopha, alpha**, le **halo** ‿ **pha**, *brillant*, symbolisé par le *bœuf*, **haleph**.

Hale, c'est faire serment par le principe; ce mot doit signifier *arc, courbe*.

Hale signifie *petit, un rien*, **hil**, et aussi *rien du tout*, **ni-hil**, latin; c'est alors le *point* principe de la ligne *courbe* et de la *droite*, qui forment tous les dessins possibles.

Solstice expliqué par **sol stat** est erroné.

Dans **lunistitio**, *pleine Lune*, peut-on dire **luna stat?** Nous trouvons le véritable sens dans **satis**, *satiété, saturé, assez, plein, rempli.*

Les comédies sont des chants de la nouvelle Lune : **ia-amba;** les *satyres* sont les mêmes chants de la pleine Lune **satur**, latin, σαττω, *remplir complétement, rassasier.*

Les quatre saisons sont les quatre **tempe-states.** Ce mot signifie *nouvelle et pleine Lune :* **te-empe,** *croissant*), *tempe*), *vallée* ⌣. En un mot, **empe,** *courbe* (αμφι); **stata,** *plénitude* (1). Dira-t-on que ce **stat** est le croissant, **qui stat?** Pourquoi le même mot signifie-t-il *saison* et *tempête?* On ignore, dans l'intérieur des terres, les quatre temps de tempêtes universelles de l'année. Ceux qui les connaissent ne nous feront pas d'objections.

Plusieurs mots semblent indiquer, ainsi que nous l'avons déjà dit, que lorsque l'homme fut déposé par le Créateur sur la terre, notre globe n'était qu'une vaste mer parsemée d'îles. L'action lunaire était probablement plus considérable; elle contribuait peut-être aux tremblements de terre, en attirant les matières *liquides centrales* de notre planète. Le **tremolare, toro-ambola,** *trembler,* indique non-seulement le claquement des dents, l'agitation du corps des hommes saisis de frayeur, mais les tremblements du sol, qui auraient coïncidé avec ceux des mers à la nouvelle et à la pleine Lune : **tauropolia.**

On croit voir, dans les mots primitifs, que la Puissance supérieure permit un jour une plus grande attraction lunaire; et les îles terrestres furent submergées. L'homme échappé chercha à apaiser l'auteur de ces désastres par des sacrifices aux jours anniversaires de cette inondation.

Les Grecs, dans leurs sacrifices expiatoires à la Lune, *Taurobolie* (ταυροβολος), ne connaissaient plus le sens de ce mot, ni celui d'ϲαιϲ, ϲϲιϲω, ϲϲιω-τηρ. Les Romains ne comprenaient pas mieux les *oscilles,* qu'ils attribuaient à Hercule, ce qui veut dire qu'ils n'en connaissaient plus l'origine. Revoyez la demonstration XIV, page 43, et comparez les mots **stagio**, italien, *saison*, **Stata**, latin, nom de **Vesta, vasta, fasta;** φασις, *face, pleine Lune,* sous le nom de laquelle fut mise la ville d'E-phèse, où l'on célébrait la *messe,* le *culte* d'Αρι-θεμις, **Midos**, c'est-à-dire Diane au septième jour, **Mite-ra.**

Lisez *déi-fier,* au lieu de *défier.*

___

(1) **Vasta, fasta, Vesta.** Le mot stare, *s'arrêter,* tire aussi son nom de la pleine Lune, dont la forme paraît avoir un temps d'arrêt entre la croissance et la décroissance, temps exprimé par les quelques minutes que la marée reste stationnaire avant de décroître.

Page 39, ligne 29.

Iσαξ, le *croissant* ⌢, *faucon, bec* ⌢, *bac* ⌣, *bouc* ⌣, **vacca**
⌣, *cornu,* tout objet en croissant; *serre* ⌢, *griffe* d'oiseau; **falco,
falcis,** *faux, croissant, serpe, faucon, fauchon, faucher, faucille,* tous
objets courbes ou actions (verbes) d'objets courbes.

La Lune ne fauche pas, ne coupe pas, mais les objets en forme de croissant
percent, coupent, fauchent, serrent, enserrent.

Page 34.

Il aurait été trop long d'analyser tous les noms de jours et de mois. Plusieurs
sont modernes. Les noms des douze mois actuels en Allemagne le sont encore
davantage; les voici : **Janner, Hornung, Lenz-mond, Oster-
mond, May, Brach-mond, Heu mond, Aernte-mond,
Herbst-mond, Wein-mond, Winter-mond, Christ-
mond.**

Hornung est le plus curieux; il correspond bien plus au breton
Choüe-vrer, qu'au saxon **Sol-monath** (page 36, ligne 16).

Page 39, ligne 3.

Tantôt nous disons que **tor** est la troisième forme de la Lune O, tantôt
que c'est le croissant, le *cercle* (voyez encore TRÈS, page 59).

Les hommes primitifs entendaient par *orbe* un *cercle*; il semble qu'ils ne
voyaient une *boule,* ni dans la *Lune,* ni dans la *terre.* Du reste, *cercle vide,
cercle plein, orbe, globe,* présentent une ressemblance dans la langue
primitive, qui fait souvent commettre des erreurs dans l'analyse des mots.

Cela ne doit pas surprendre, car **kerameus,** grec, est l'ouvrier qui faisait
les premiers vases de corne, **keras,** *corne.* Quand on a fait des pots de terre,
on a continué le mot **kerameus.**

On en a fait **céramique,** mot inexact quand il s'agit de vases de terre.
De même, le *cornet* à piston, qui n'est plus en *corne,* ni même en forme de
corne; la trompette, qui n'est plus en *corne,* ni en forme de *trompe*
d'éléphant. C'est de cette manière qu'une foule d'objets ont perdu leurs formes
primitives, en conservant un nom qui n'est plus le signe de leur forme, qui ne
les représente plus, ou qui n'est plus le signe de leur usage. Un *mouchoir de
cou,* disent nos paysans, et pourtant on ne *mouche* pas le *cou,* mais le *nez :*
un mouchoir de nez.

Ce n'est certainement pas dans le son, mais dans le signe primitif, qu'il faut
chercher la filiation de l'idée, l'unité d'origine : en voici encore un exemple :
les premiers hommes virent dans l'arc lunaire le lien qui établissait un langage,
une relation, une religion entre eux et l'Etre suprême. Cet *arc* fut donc le
signe sacré, l'*arc d'alliance* (1) (; ne pas tomber dans le jeu de mots *arche*

(1) **Alo,** cercle, a formé *alli-er;* c'est encore la *bague* des fiancés (**i promessi sposi**),
c'est le **halo** hébreu, *serment.*

d'alliance, résultant de ceci : l'arc est un convexe, *arx*, latin, αϰρις ⌒, mais le même signe renversé ⌣ est une *boîte, bateau*, **ki-botos**, grec, un *arche*, **ba-arca**. Ces mots sont équivoques; les signes qui les représentent : ⌒, ⌣, ne le sont pas).

C'est donc par l'*arc d'alliance* que les premiers hommes jurèrent. (Dans la Bible, l'arc-en-ciel et l'arc d'alliance entre Noé et Dieu.) L'*arc* lunaire exprimant le *principe*, le *principe* n'a pas d'autre nom que l'*arc :* **bios**, *vie*, **bios**, *arc* (prononcez **vi-os**). Pour prendre le *principe* de toute vie à témoin, l'homme jurait par le *principe* de sa vie matérielle.

En voici une démonstration presque mathématique : **testis**, latin, *testicule,* et *témoin;* **orkoô**, grec, οϰϰο-ω, *faire serment*, **orkis**, οϰϰις, *testicule ;* **sexe, sek, essek**, hébreu, *testicule* et *témoigner*. « Mets ta main sous ma cuisse, afin que je te fasse jurer par le Seigneur, » dit Abraham à son serviteur (1).

Nous prions les hébraïsants qui n'ont jamais entendu ce passage de la Bible de l'étudier de nouveau avec nos éléments.

C'est donc, nous le répétons, dans les *signes* lunaires, et non dans les *sons* qui ont servi à les exprimer, qu'il faut chercher le sens primitif. Ce n'est pas le mot, le son, qui est passé de l'hébreu au grec ou du grec à l'hébreu : les sons **testis**, latin, **orko**, **ark**, grec, **sex**, **essek**, hébreu, ne se ressemblent pas; il n'y a que le signe) de ces mots qui est identique pour les trois. Ces trois peuples n'avaient donc qu'une même religion, dont le culte était basé sur les phases lunaires.

L'*arcade* de la tête, *crâne*, ϰρανον, fut comme un arc, *tête*, **testa ;** **tectum** ⌒, *toit;* **toc sos**, grec, arc), *principe;* **tikto**, *enfanter* (cependant *attester* ne vient pas de **testa**) (2).

L'homme jura aussi par la *source* qui est une image du principe (**principium** et **fons**, *fontaine*. On jura par les pierres tombées du ciel, comme émanées du principe, de la Lune, du corps noir lunaire. Les premiers hommes étaient comme leurs descendants du moyen âge furent en fait de reliques; quand le peuple manquait d'une pierre lunaire, il y eut des gens qui en trouvèrent. Puis, toute pierre un peu singulière devint un **orcus**, une pierre à *serment*, une pierre à *contrat*, une pierre à *marier*. On connaît la pierre noire de la Kaaba, objet jadis principal du pélerinage de la Mecque. Notre pierre de l'*Orque*, en Tardenois, a donné son nom à l'*Ourc, Orque, Orceois*.

---

(1) Genèse, chapitre XXIV, versets 2, 3 et 9.

(2) Ce mot **testa** n'est peut-être pas latin; il n'a guère été employé que par notre compatriote gaulois, le poëte Ausone, dans le sens de *tête*.

Il y a des *Orgi-mont*, des *Orgi-val*, *Orci-val* partout, malgré les capitu-
laires, les conciles, les synodes qui ont ordonné de les détruire. Les pierres
ont souvent été brisées ou jetées à la rivière, comme la pierre de Saint-Caprais,
à Chartèves (Aisne), ou mises sous le patronage d'un saint, comme le *pas*
Saint-Georges, à Coincy, grès druidique, vers Villeneuve.

L'orcus de Brécy (Aisne), lieudit la *pierre à contrat, grès d'épreuve*,
le *grès glissant*, n'a pu être détruit à cause de sa grosseur. Les pierres de la
mariée de Neuilly-Saint-Front et de Bucy-le-Long existent peut-être encore.
L'archéologue, qui mesure les cintres et les ogives modernes, dédaigne un
peu trop ces pierres, que la tradition villageoise commence aussi à mépriser.
Il ne songe pas que peut-être plusieurs de ces *maisons* étaient élevées à
Dieu avant qu'Abraham ne fût. Abraham en éleva lui-même après son alliance,
O, circum-cisio, avec Dieu. « Abraham planta un bois autour du Puits
du Jurement, et il invoqua en ce lieu le nom du Seigneur, » Genèse, chapitre
XXI, versets 31 à 34. Son petit-fils Jacob en fit autant (Genèse, chapitre
XXVIII, verset 22); il dit : « Et cette *pierre*, que j'ai dressée comme un
monument, s'appellera la *Maison de Dieu*, etc. »

Moïse changea la forme du culte primitif, du culte de Nachor, d'Abraham (1);
au Deutéronome, chapitre XVI, verset 21, il impose cette loi : « Vous ne
planterez point de bois, ni aucun arbre, auprès de l'autel du Seigneur votre
Dieu. » Il ne veut qu'une *seule maison* de Dieu, contrairement à Abraham,
qui en élevait partout (une pierre près d'un chêne, car il était Druide).

Les fontaines, les pierres et les bois sacrés, n'étaient pas des inventions du
polythéisme, c'était le culte du vrai Dieu, du Dieu unique, le culte d'Abraham,
d'Isaac, de Jacob et de leurs ancêtres (Genèse, chapitre XXI, verset 33).

On en verra l'exposé fort simple et les preuves incontestables dans notre
petit ouvrage : *Le Monde avant l'Histoire*.

---

(1) L'historien Josèphe est en contradiction complète avec la Bible, lorsqu'il assure
qu'Abraham trouva le vrai Dieu par sa grande sagesse : « car il fut le premier qui osa
dire qu'il n'y a qu'un Dieu » (Livre Ier, chapitre VII).

Qu'était-ce donc que le Dieu de Nachor et de Melchisedech (Genèse, chapitre XXXI,
verset 53, et chapitre XIV, verset 18). Josèphe lui-même, chapitre X du même Livre Ier,
prouve le contraire.

On nous a reproché de citer la Bible dans une œuvre de pure science. Nous
avons étudié la Bible et les Vedas, les Lois de Manou, etc., au point de vue de la lettre,
et nullement au point de vue religieux.

Ce n'est pas notre faute si nos études matérielles des signes nous ont montré que le
culte est une des bases fondamentales du langage, et qu'il n'est pas possible de remonter
à l'origine des mots, si l'on n'étudie pas les croyances des premiers hommes et les actes
résultant de leurs croyances.

Page 43, ligne 29.

Les Égyptiens disaient que **Neith** avait formé le soleil ; or, **Neith** n'est pas autre chose que le croissant, le principe lunaire (l'Egypte de l'*Univers pittoresque*, par Champollion, pages 254 et 255) ; c'est là un des ridicules mystères de l'Egypte qui signifie seulement que la pleine Lune O a donné son nom au soleil, dont la forme O est identique.

Page 44, ligne 11.

On dit que **leum** a pu être importé par des missionnaires.

Page 44, à la dernière ligne de la note.

Ajouter, après **ie**, **ge**, **gu**, noms de la nouvelle Lune.

Page 46, ligne 37.

Ganz, *tout*, nous paraît un mot inexact, car **gu-anza**, qui n'est que **bendis**, le *croissant* (*ganse, bande* ⌒, signifie *élevé, beaucoup*, mais pas *tout, complet*, qui ne peut s'exprimer que par O, pleine Lune. La même faute existe dans **all**, *tout*, en allemand ; **halo**, αλωα ⌒, *cercle vide, élevé* ; **olos**, **solos**, *tout, complet*. Le celte disait **Oll**, comme le grec, mais c'est, encore une fois, la confusion du cercle vide, le croissant, et du cercle plein, la pleine Lune. La demi-Lune présente quelquefois la même difficulté, comme signe de *deux*, avec le croissant, **bi-cornis.**

Page 50, ligne 4.

Arm, *pauvre*, en allemand, ne signifie que *petit*, puisque **arm** signifie *un*, en scythe. L'*arme*, le *sabre*, plus ou moins recourbé, était l'image du croissant au premier jour. Un sabre fiché sur un tertre était le signe du culte chez les Scythes.

Page 52, ligne 18.

Nous avions donné, dans notre *Histoire de Coincy*, **congi-acum**, *poterie*, comme étymologie. Nous n'hésitons pas à déclarer que l'étymologie **cuneus**, donnée par M. Houzé, page 104 de *ses Noms de Lieux*, est bien plus exacte, car le vieux Coincy se trouvait à l'angle droit que forme le *Luar*, ruisseau qui se jette dans l'*Ordrimouille*.

L'article **Filé** paraît confus, si l'on oublie que la nouvelle Lune passait pour réveiller les sens ; que la nouvelle Lune est le serpent trompeur ; qu'elle est la reine des eaux ; que des librations exagérées de la Lune ont causé des déluges, comme l'oscillation de la pleine Lune cause l'oscillation des mers.

Lune ne signifie ni demie, ni pleine Lune, mais croissant, car **lunare**, latin, veut dire *courber*.

Mer-got, *le dieu mère. Mercure*, est un travestissement de l'ignorante poésie grecque. Mercure est le croissant, le principe générateur femelle; il correspond à **hermes**, la *faux*, le *croissant*, le *principe*; c'est la vierge mère du monde, **Isis**; c'est l'opposé d'**Apollon**, qui n'est autre chose que **Vesta** O, la pleine Lune, forme type du soleil; πολυ, *plein, nombreux*, est Apollon exprimé en d'autres termes, par πολυ, **vole**, *tout entier*, dans **voulcana**, *Vulcain: face*, **é-phais-tos**, grec, **Vesta, vasta**, latin, les *fastes*, c'est-à-dire les *festes* solennelles. **Pacis**, latin, a fait *paisi-ble*.

On nous pardonnera ces répétitions continuelles auxquelles nous sommes obligé.

Prophète est identique à *professeur*; ces mots ont la même étymologie: il ne faut pas plus de **ph** dans l'un que que dans l'autre; **fa**, grec, **fè**, **fè-mi**, *dis-je*, **fari**, **fata**, latin; *fée*.

Le patois de Brécy (Aisne) dit *Fri-mouse*), *Mouse* D, et *Tal-mouse* O; ce sont les trois principales figures (*museaux*) lunaires, les trois *Muses*: **Freya**,), la première, ou **filia**, grec, c'est l'*amour*; **Vénus**, **Bendis**, *bande*), le principe lunaire et tous les sens qui y sont attachés, *frayeur*, *fléau*, etc.; c'est **Cotis**, **Cotitia**), *couteau*, **kouto**, **tao**, chinois (1); **èrè**, *air, cercle*, etc., etc., **feria**, *culte* et *réjouissance* de la nouvelle Lune. *Mouse*, *Médée* D, la seconde, est la *Messe, Messie, Médiateur*, le culte du septième jour; **Messe**, *foire, férie*, en allemand. *Tal-mouse*, la troisième, c'est la pleine Lune. Les *Talmousiers* ou *Talméliers* étaient ceux qui faisaient des gâteaux de formes lunaires pour être offerts à la Lune. Leur nom leur est resté sans qu'ils en connussent l'étymologie (2).

Beaucoup de personnes auraient besoin de démonstrations pour comprendre certaines de nos démonstrations, mais cela n'est pas un argument contre notre découverte. Les démonstrations algébriques sont loin d'être accessibles au premier lecteur venu. Avant de nous accuser de ne pas montrer des choses claires, que l'on veuille bien se rendre compte, si l'on a soi-même une vue suffisante pour voir.

(1) **Tao**, chinois, *couteau*, est aussi le nom de la *cause suprême*.

(2) Il est beaucoup de villages où il y a des lieux-dits à la *Talmouse*: Bézu, Saponay (Aisne).

Quiconque n'aura pas étudié nos éléments ne pourra pas nier notre découverte. De bons mots peuvent faire rire, mais ne prouvent rien. C'est en se servant de nos éléments contre nos propres déductions que l'on peut critiquer les faits que nous avons donnés comme étant les principes sur lesquels repose le langage des hommes.

Page 59, ligne 16.

Diane ne signifie jamais la pleine Lune ; notre rédaction pêche en ce point, puisqu'au lieu de dire Diane, pleine Lune, il faudrait dire Apollon. Le nom de Phœbus, qui n'est que **fa-bo**, *brillant croissant, brillantes cornes*, ne peut convenir au soleil ; c'est un mot fait à une certaine époque, comme on en fait tant de nos jours, dans un complet oubli des principes. Le soleil n'a jamais guère servi à la divination ; ce n'est donc pas de lui que les *prophètes* grecs tiraient leur nom : φοιβη-της.

Page 65, ligne 12.

Nous pensons que *pompe, pimpant*, qui ressemblent à **pempé**, grec, *cinq*, **funf**, allemand, **funken**, *étincelle, petite Lune; funeste, funérailles*, **finis.** Tous ces mots semblent se rapporter à la dernière étincelle lunaire et aux cérémonies tristes qui précédaient la nouvelle Lune, et que l'on peut nommer *pompes funèbres*, car **fune-bera**, la *fine Lune*, la Lune mourante, est **tene-bera**, la Lune *tenue* ; **funus**, *extinction*, **funiculus**, *une petite corde* \, c'est bien le pendant opposé de **hilo** et **file**, première apparence du croissant), et de **brefos**, grec, qui ne veut pas dire *enfant* par rapport au père, mais un *petit* qui vient de naître, un *jeune* d'animal quelconque, *court, bref*, mais qui va *croître;* tandis que le décroissant, c'est ce qui va finir, mais *renaître*.

Il est évident que des idées religieuses se rattachent au mot *cinq*, sans quoi *se requinquer*, **quinque**, *être pimpant*, πεμπτε, n'auraient pas le sens de *se parer, se ré-parer*. La cinquième forme lunaire, c'est-à-dire celle qui précède la première, était sans doute le baptême mensuel. Le latin **quinquo** n'est pas autre chose que les *lustrations* de la fin du mois. D'après le sens de plusieurs mots, le baptême fut institué pour purifier l'homme, comme le déluge avait purifié la terre ; aussi, un passage de la Bible interprété par quelques Pères de l'Église semble indiquer que le déluge, en détruisant les corps, a purifié les âmes.

Le baptême dégénéra comme tout le reste ; en Grèce, c'était une trempe qui fortifiait. Dans les poètes grecs, on voit que Thétis avait baptisé Achille par immersion pour le rendre invulnérable. Les Celtes baptisaient leurs enfants.

Page 67, ligne 4.

Clou, chaleur, couleur, clarté, et au moral *colère*, μηνις, tirent leur nom du croissant qui apparaît de sa forme, de sa couleur, de son influence.

On nous a reproché de ne pas tenir compte des *accents*.

Nous ne tenons aucun compte des *points* des Massorètes ni des voyelles, pas même des nuances des consonnes; nous ne reconnaissons que DEUX voyelles et leurs nuances, CINQ organes (consonnes) et leurs nuances, qui permutent à chaque instant sans changer la valeur du mot qu'elles servent à composer.

Page 68, ligne 9.

Serment et *sarment*, en Brie champenoise, se dit pour vigne et pour prêter . serment.

Page 68, ligne 34.

χηλη, κοιλος, χειλος, etc., ont le sens du croissant ⟩ placé en *pince, bordure, serre*, tout objet courbe et aigu.

TABLE ANALYTIQUE DES PRINCIPALES MATIÈRES

Pour paraître successivement

LE MONDE AVANT L'HISTOIRE

Mœurs, Coutumes & Religion

D'APRÈS LES PREMIERS HIEROGLYPHES LUNAIRES

indéchiffrés jusqu'à nos jours

OUVRAGES DE CLASSE

LES RACINES GRECQUES APPRISES EN QUATRE JOURS

avec un Examen des Origines de cette Langue

ORIGINES IGNORÉES PAR SES ÉCRIVAINS

LES RACINES HÉBRAIQUES APPRISES EN QUATRE JOURS

avec des données inconnues jusqu'ici sur cette langue si facile

et hérissée gratuitement de difficultés par les prétendues règles de la Massore